CRACKS AND DENTS

Lycien-David Cséry

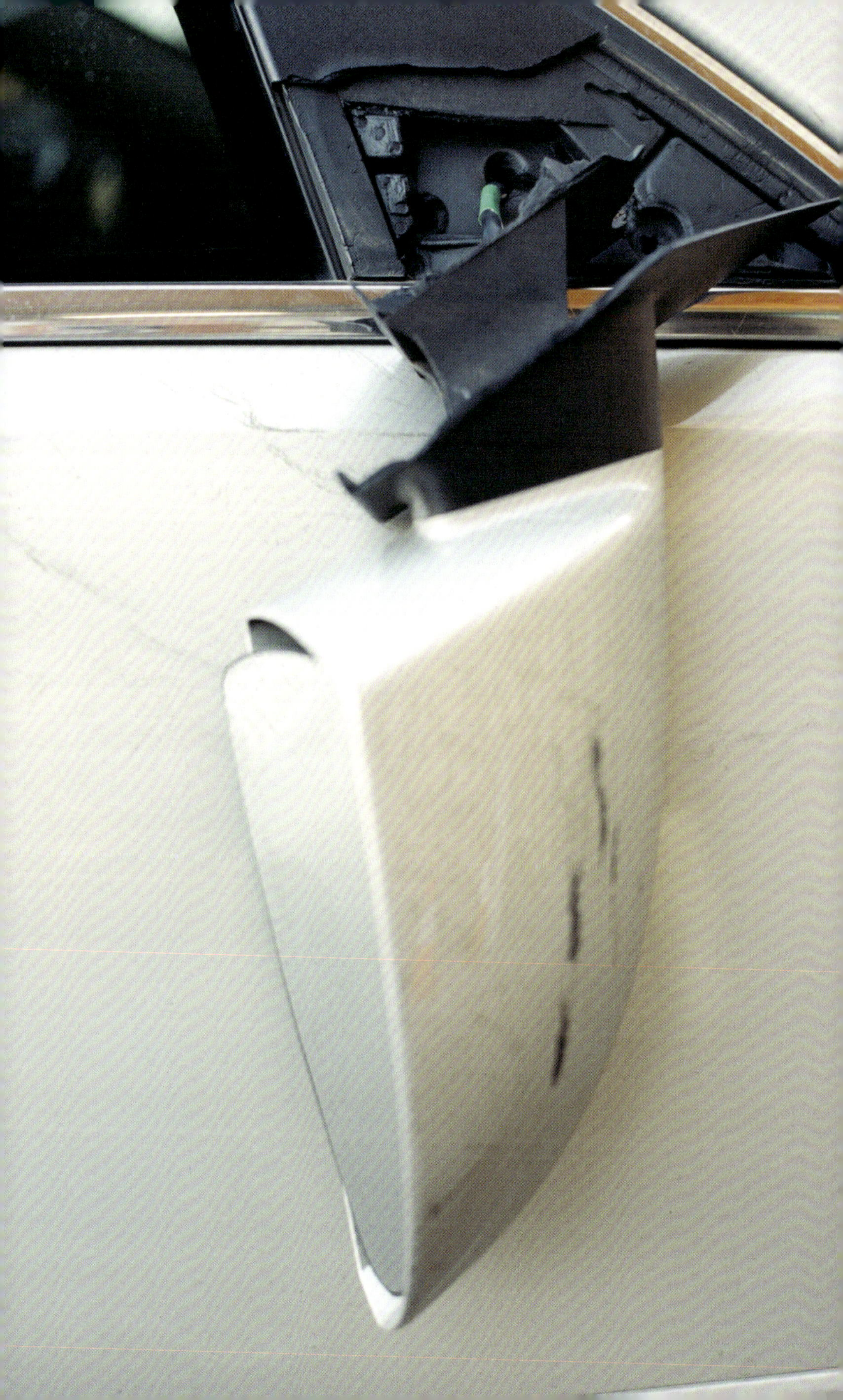

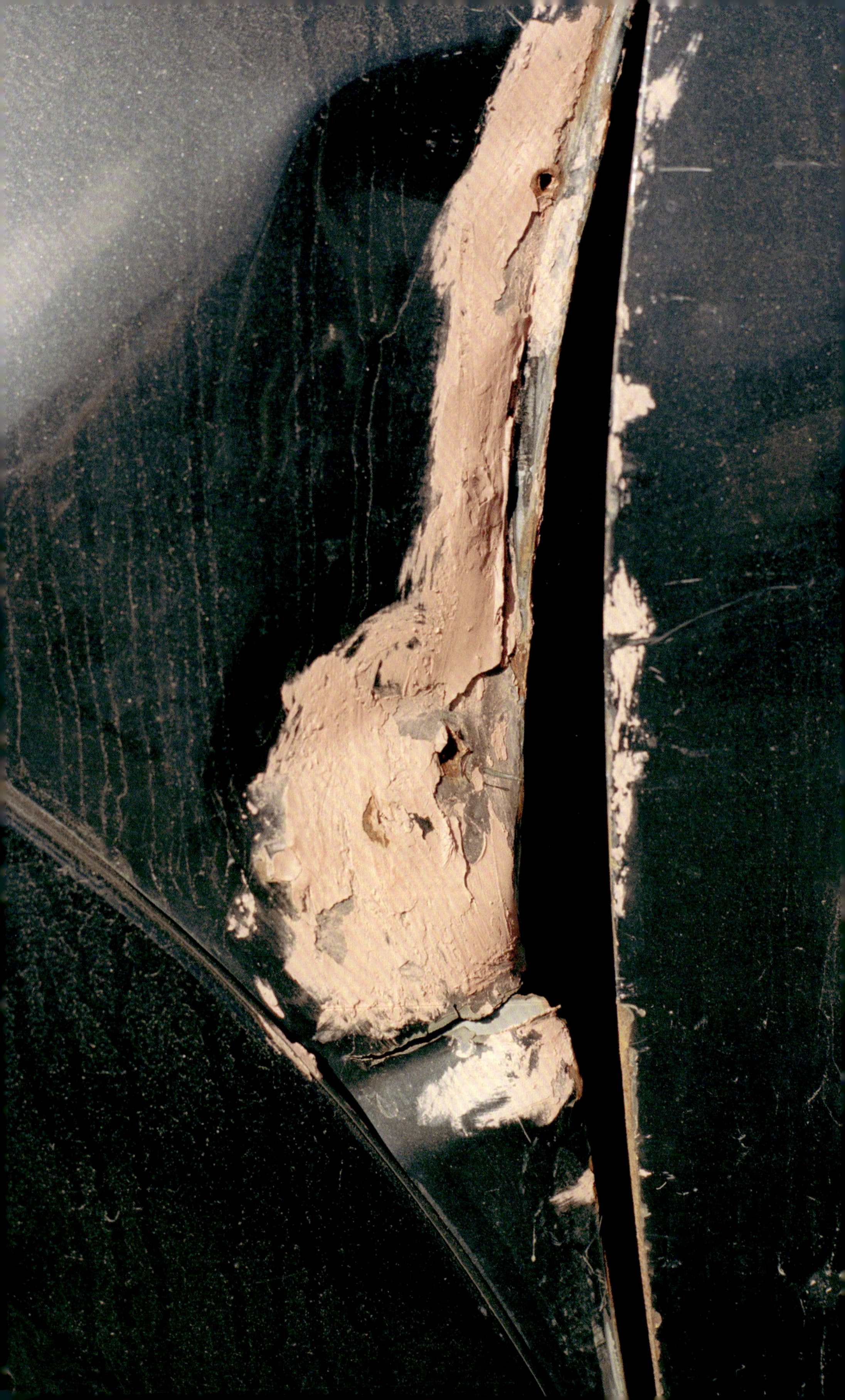

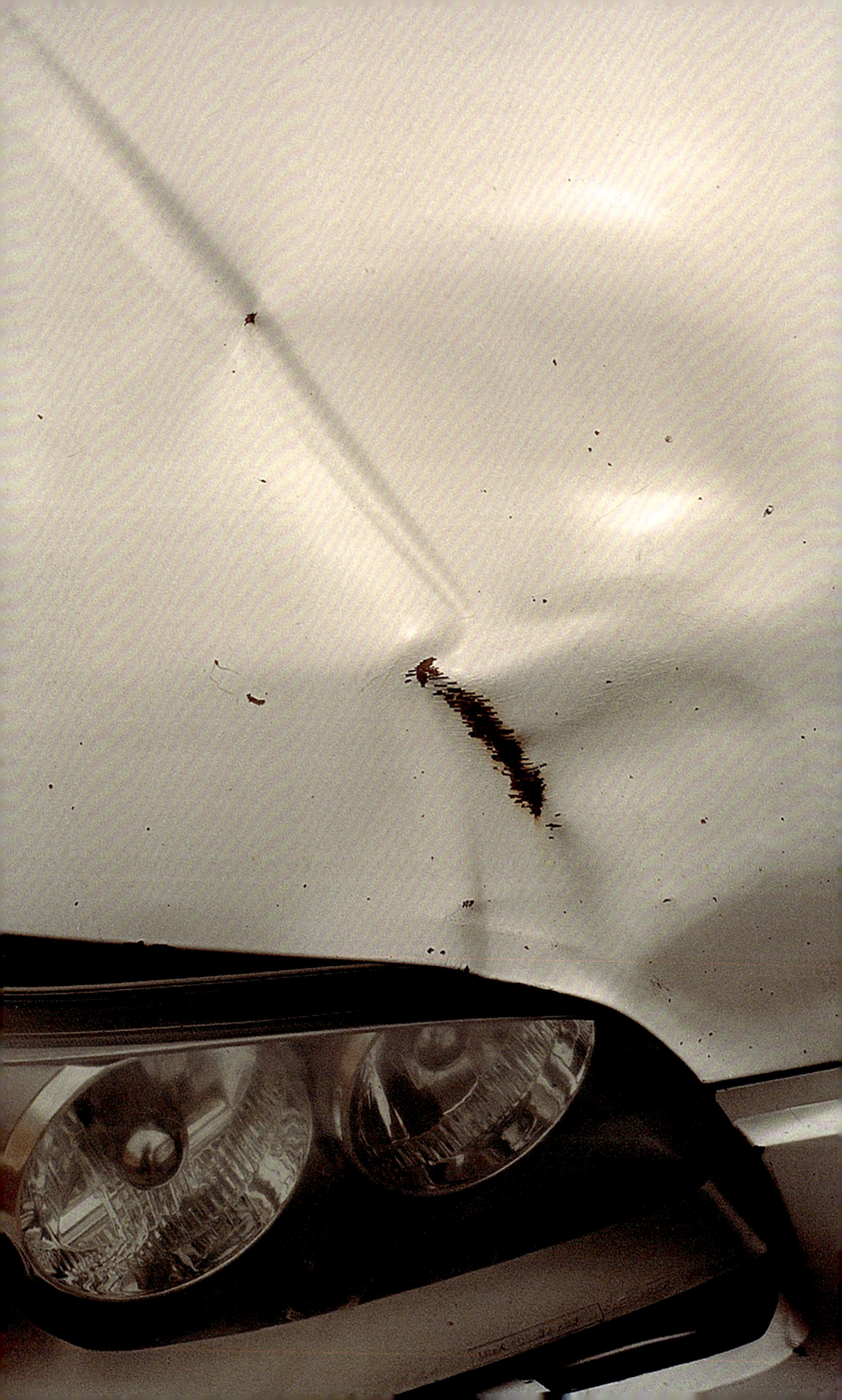

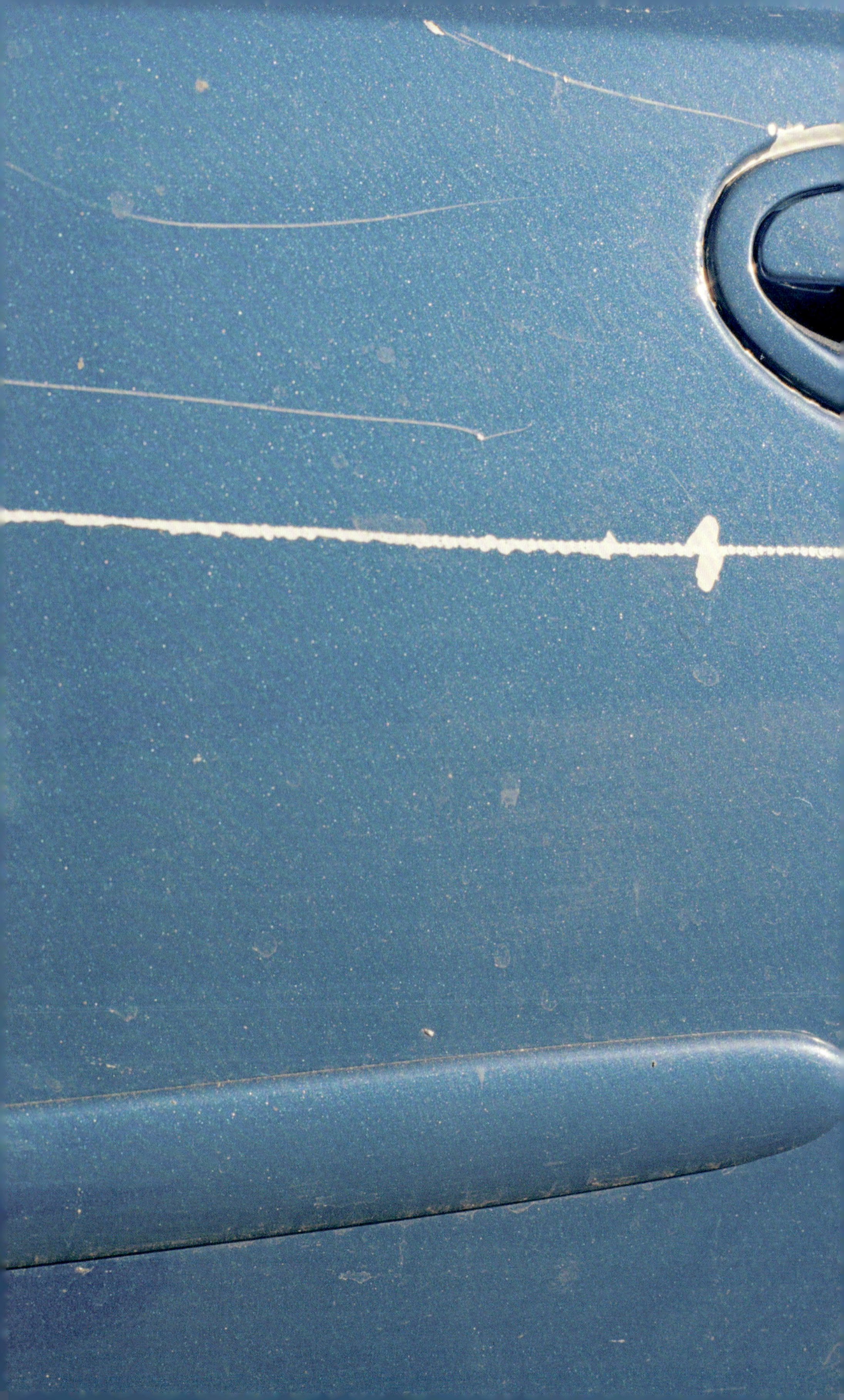

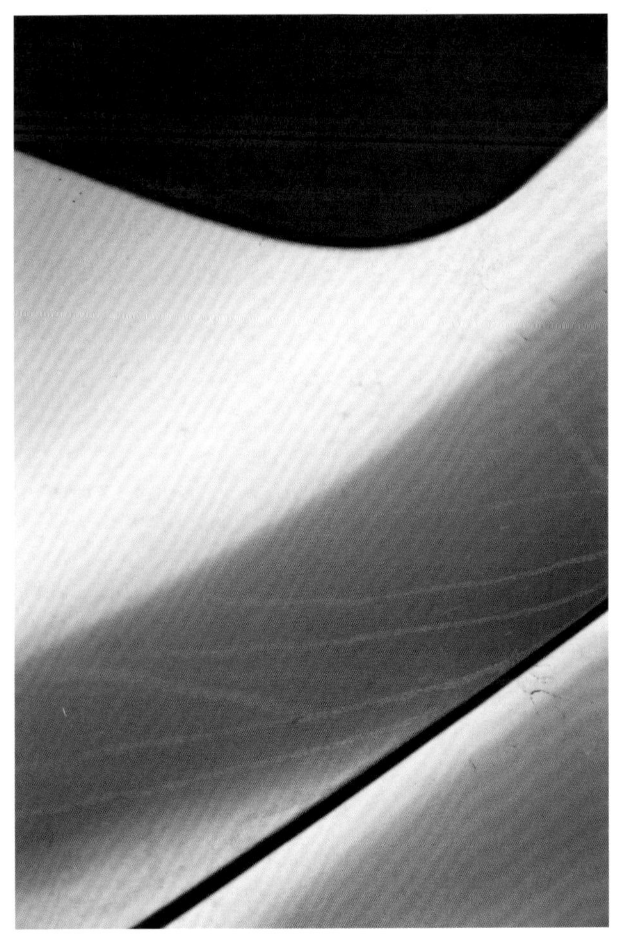

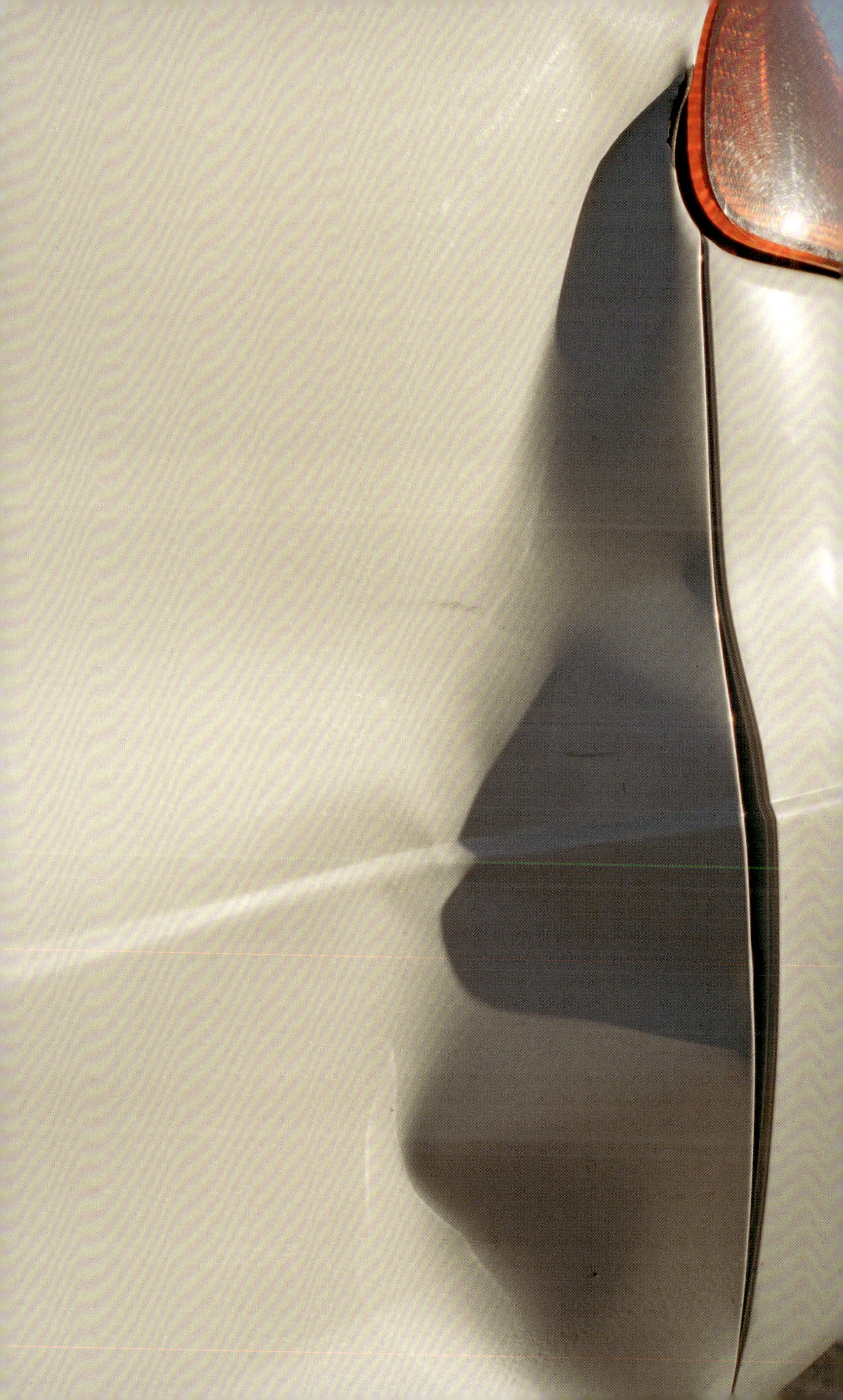

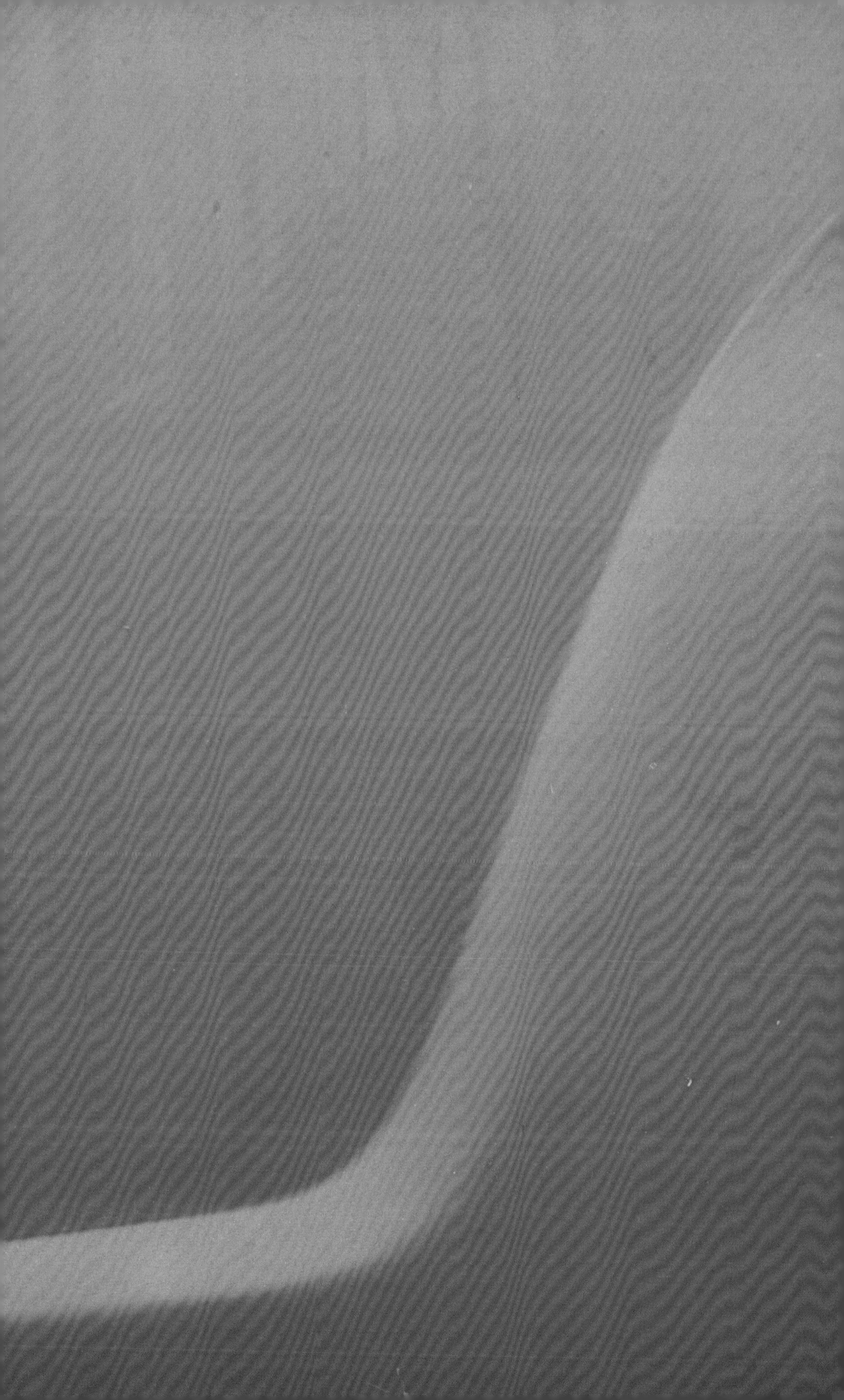

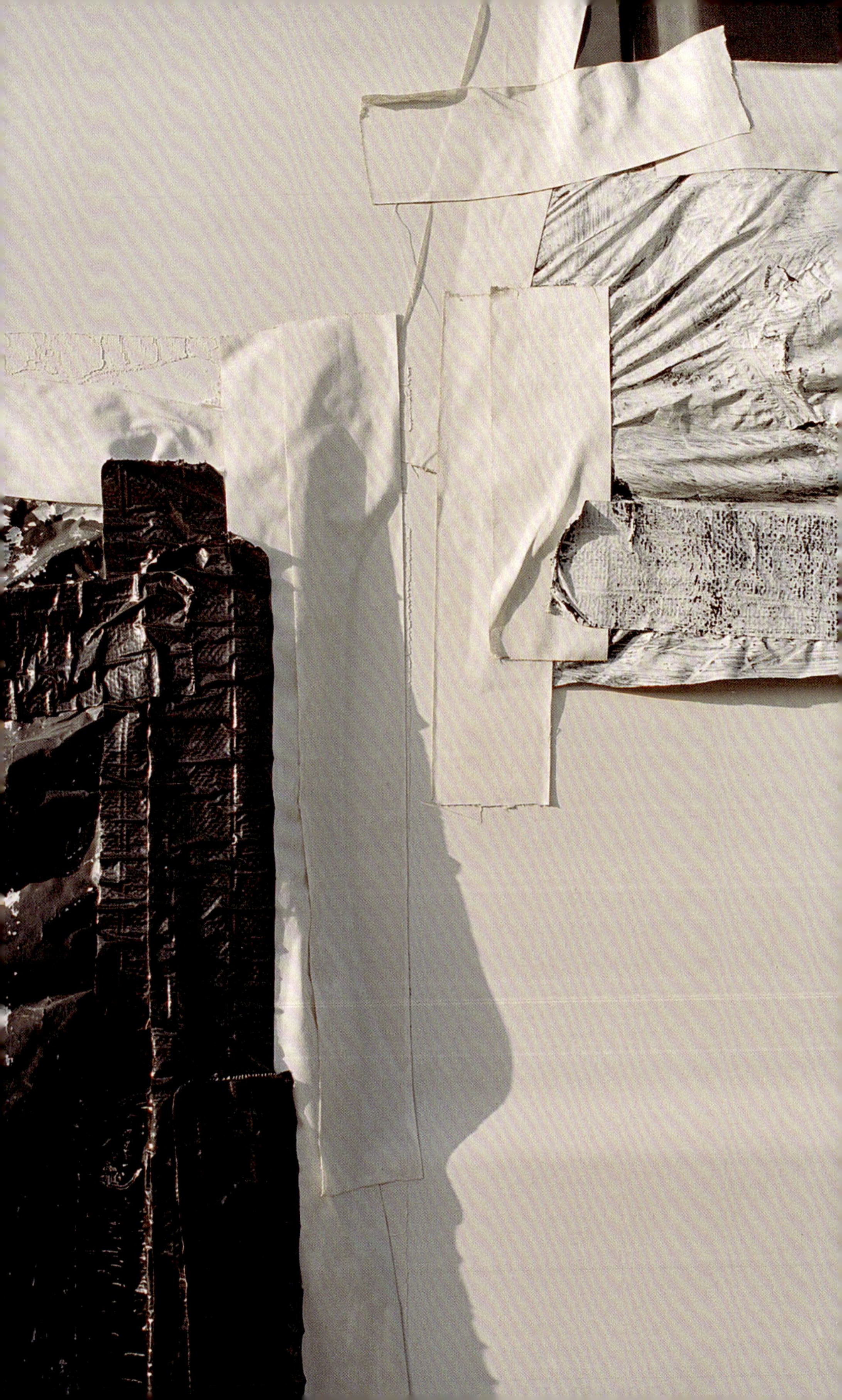

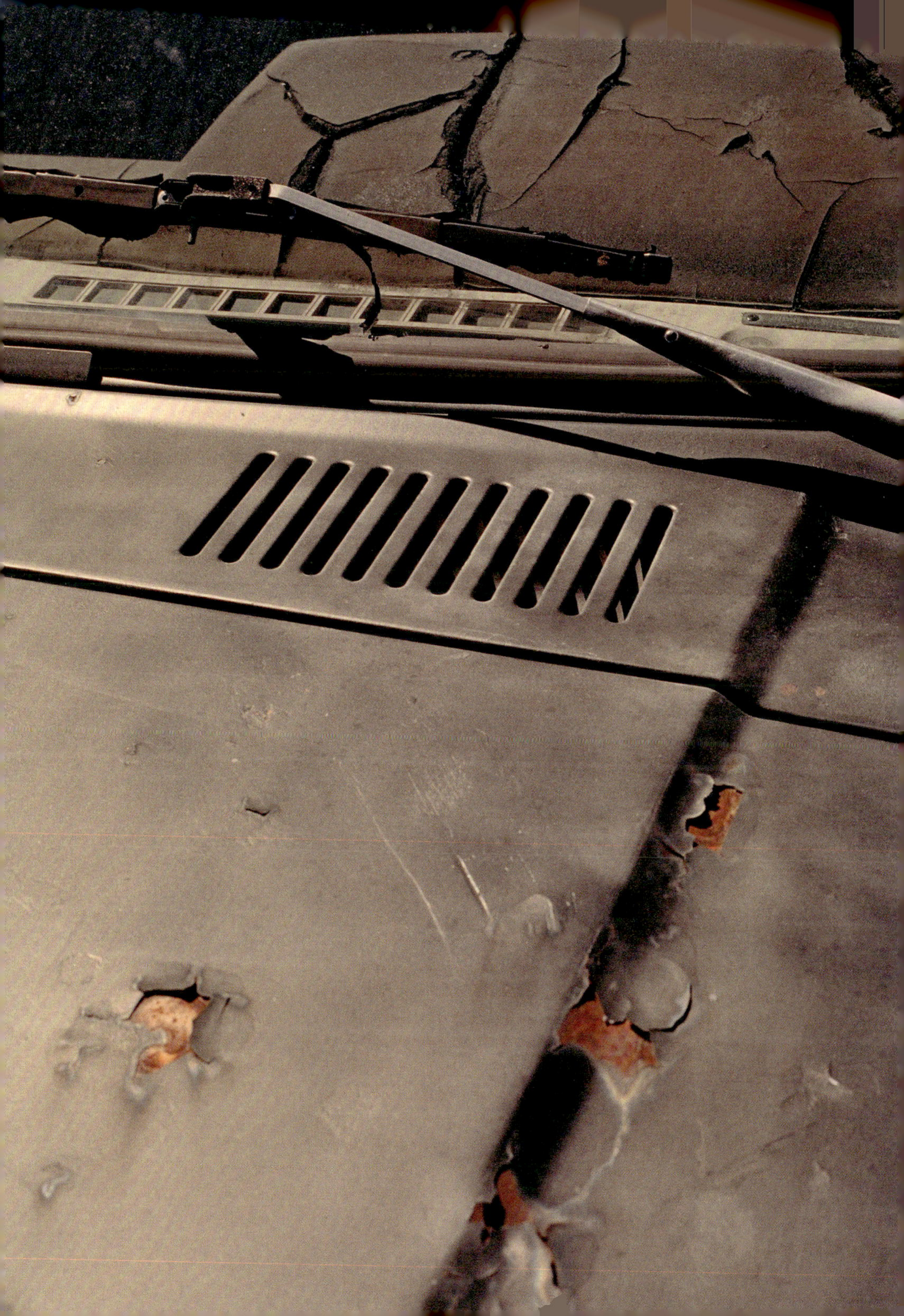

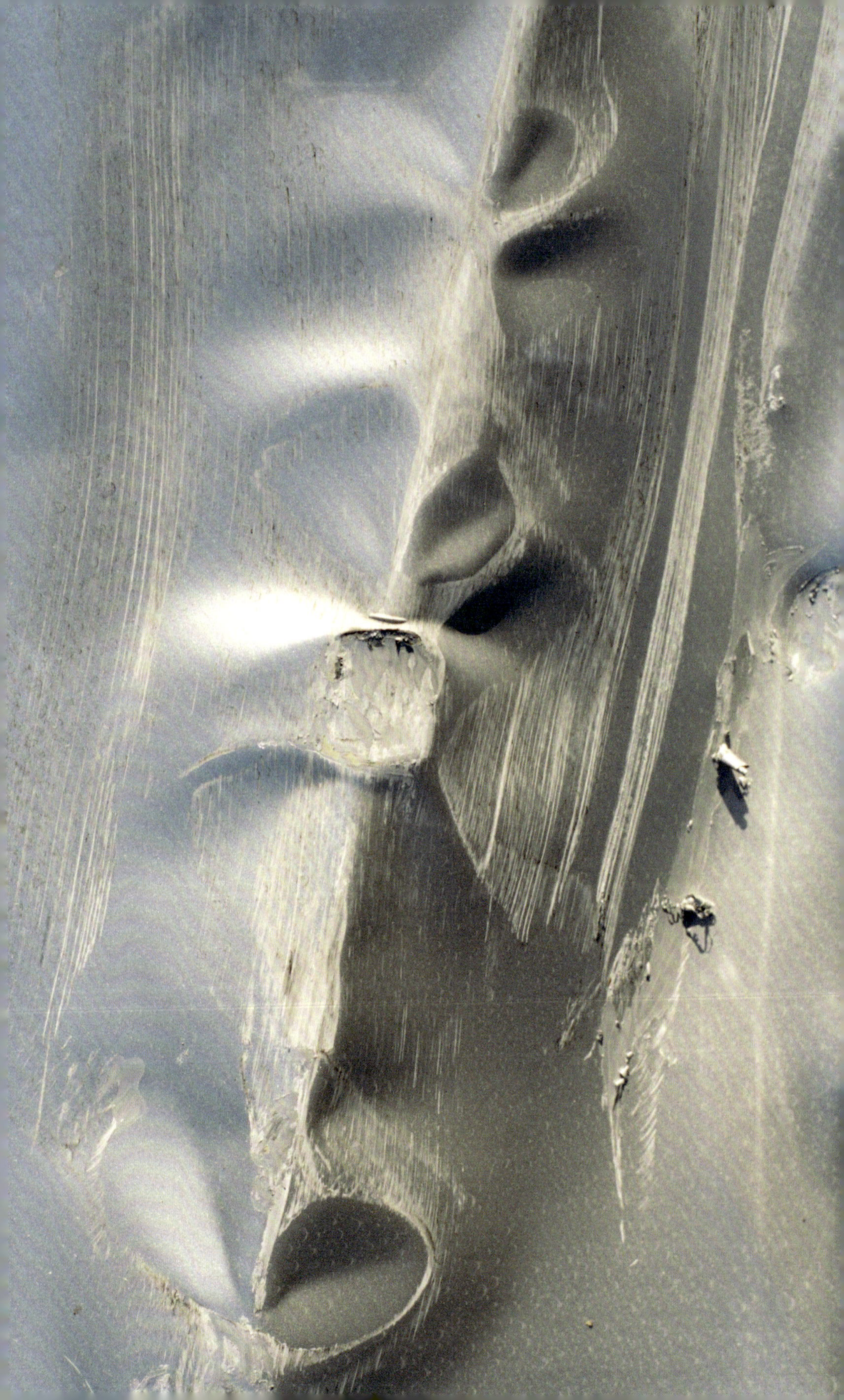

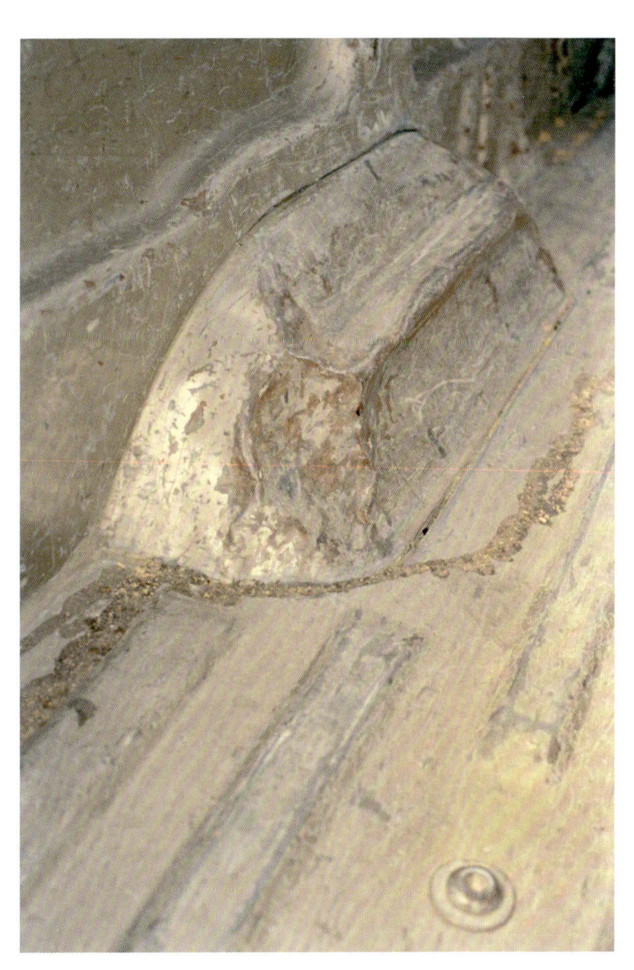

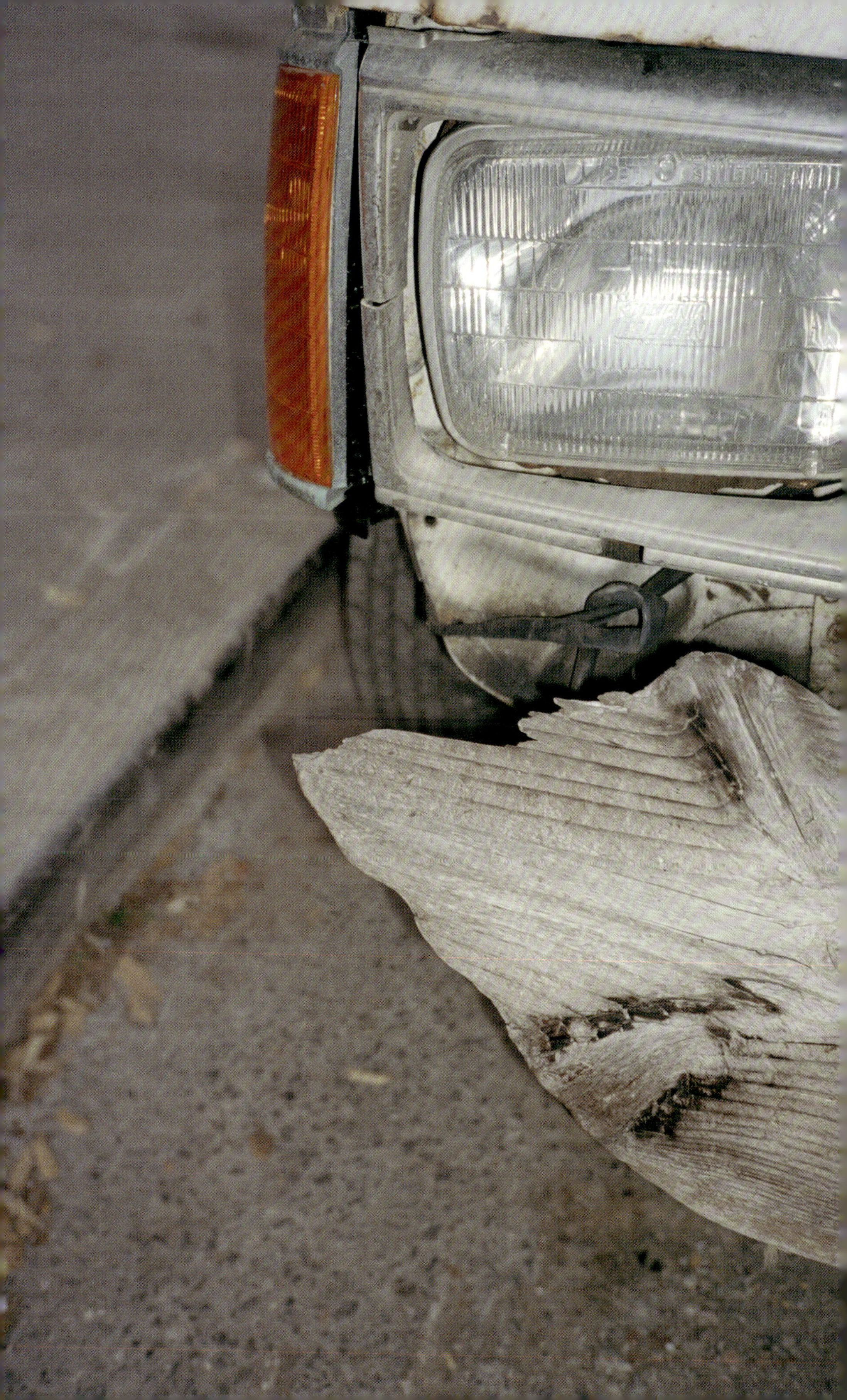

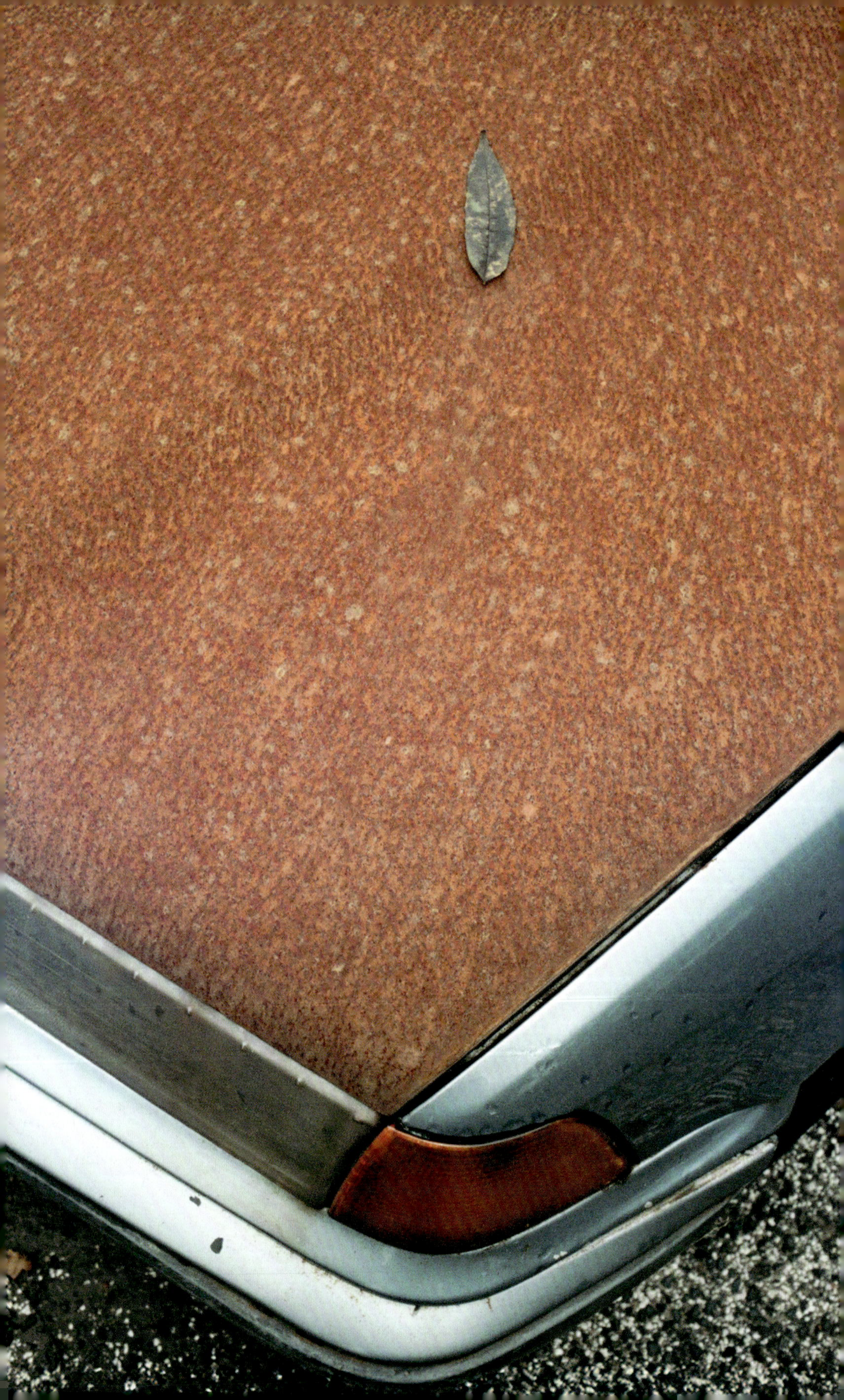

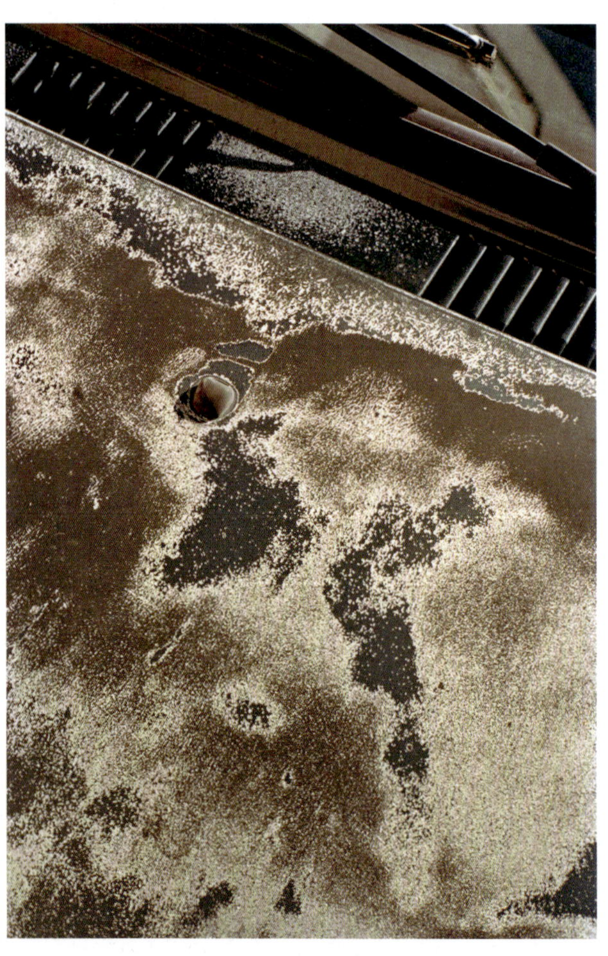

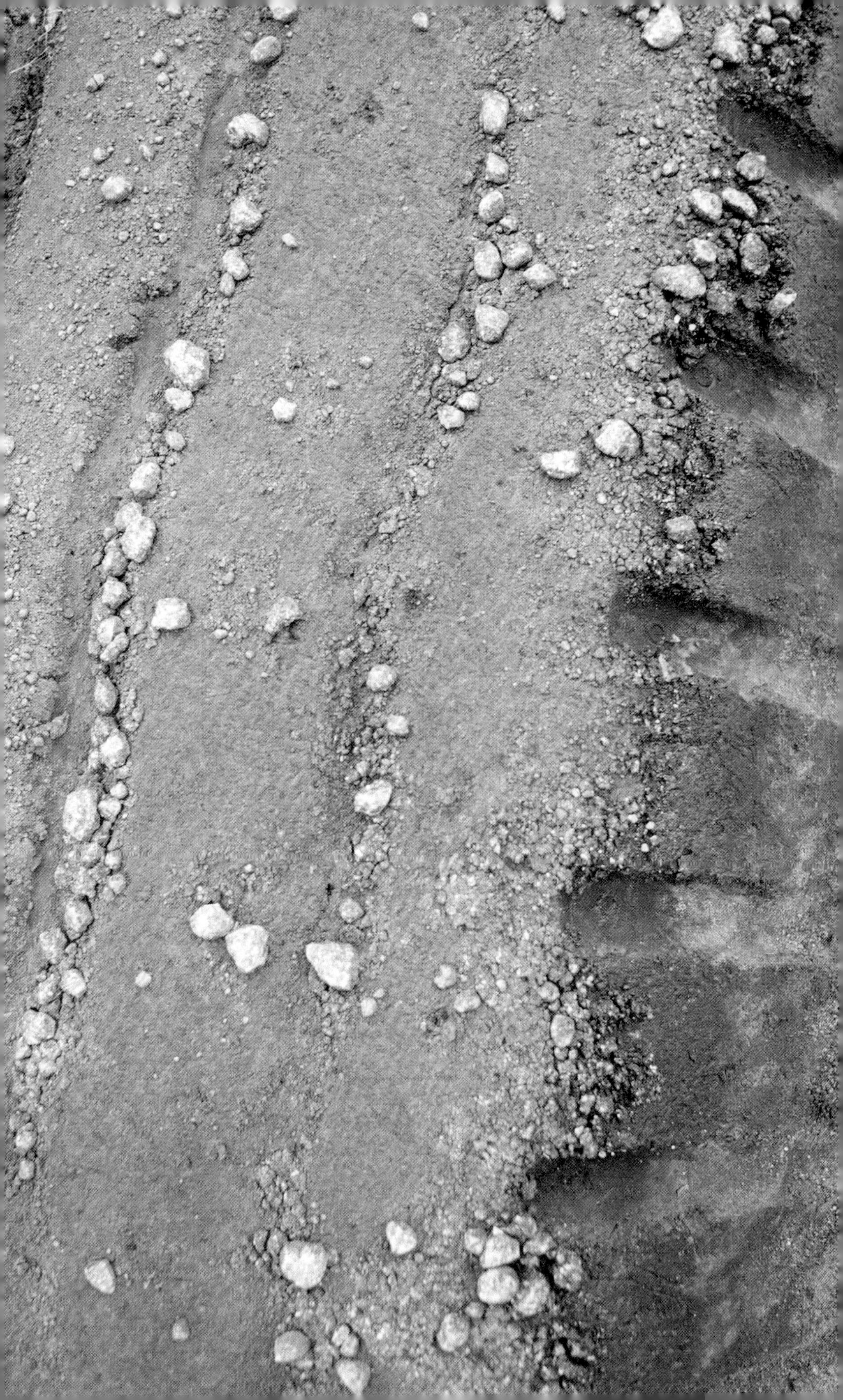

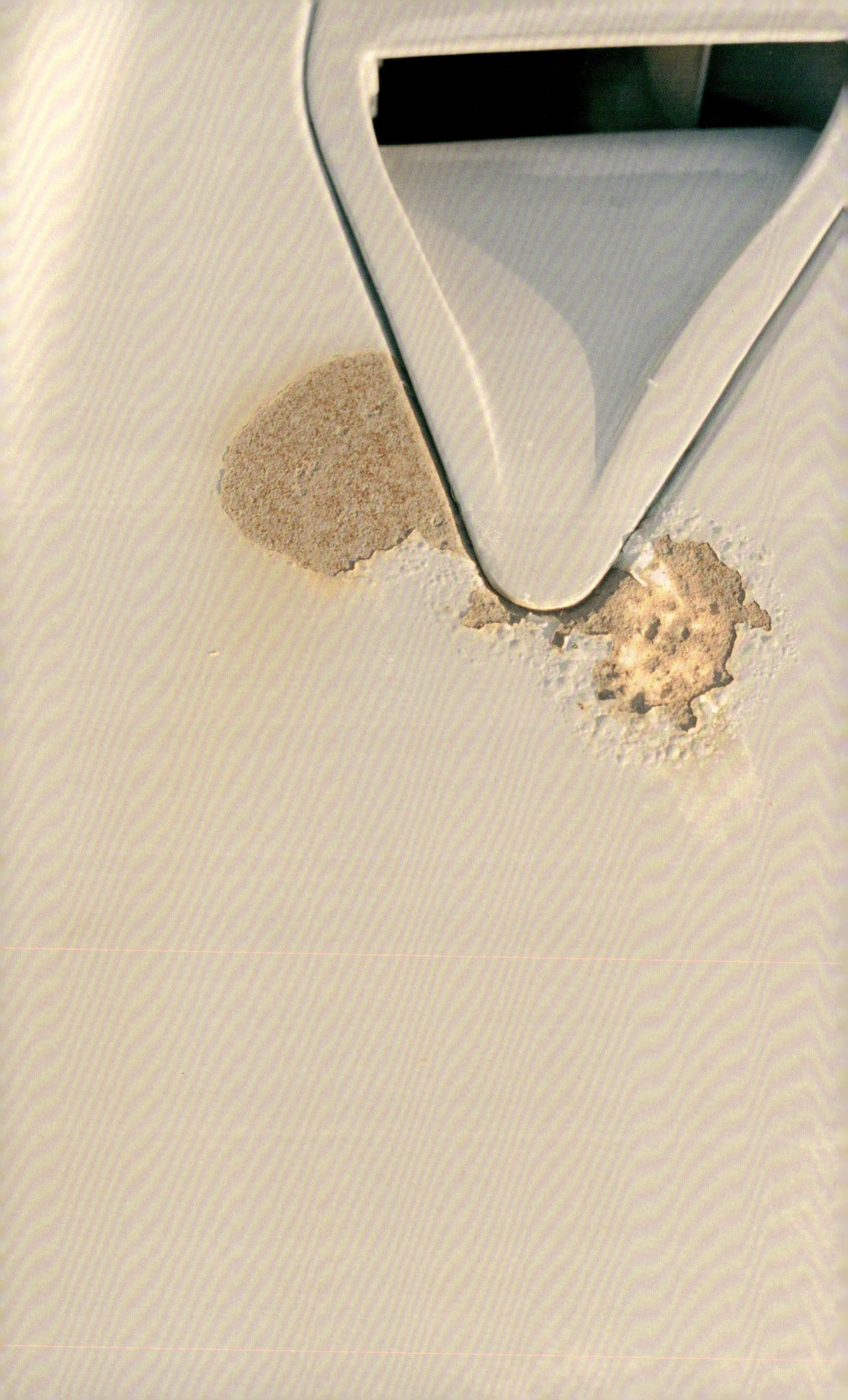

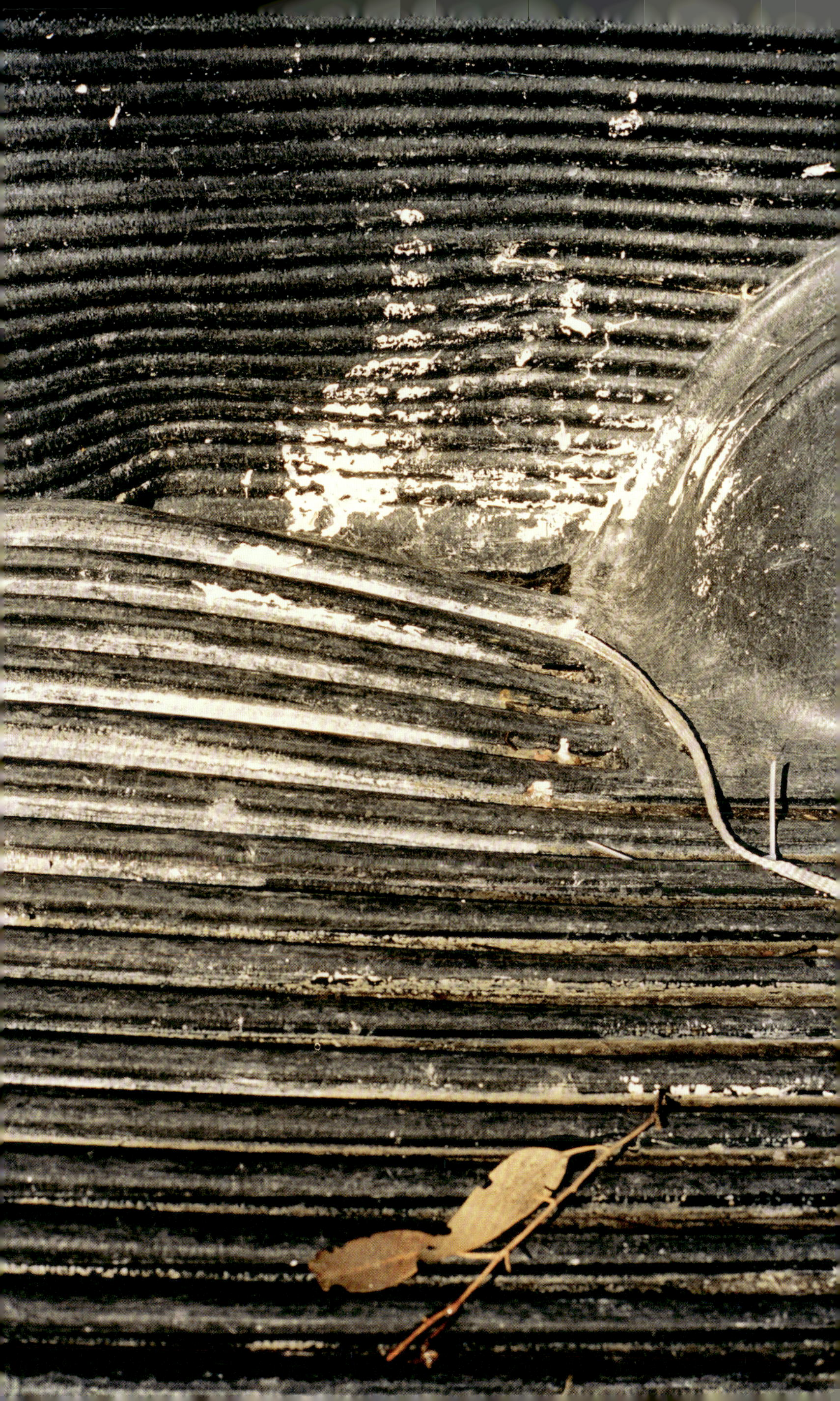

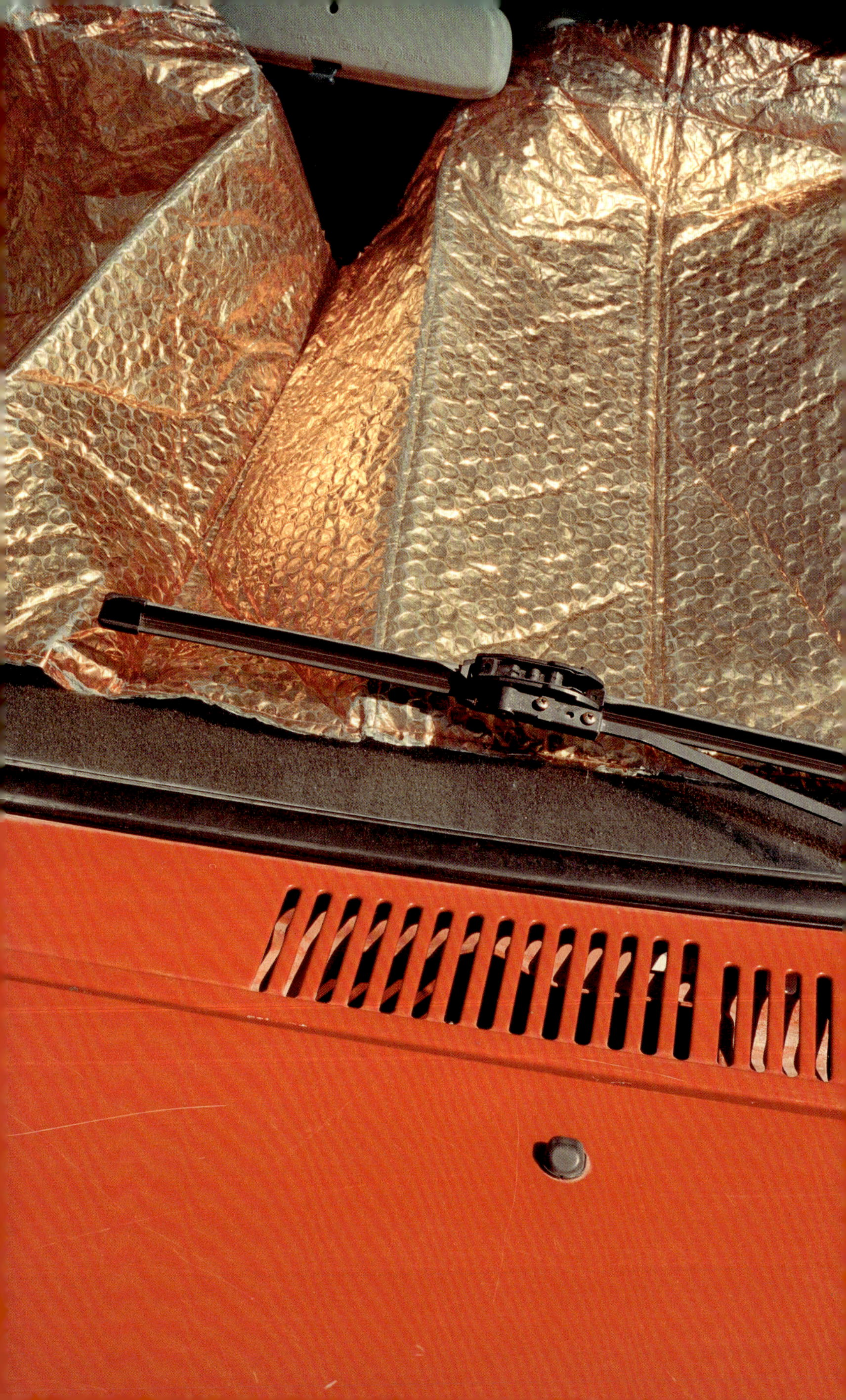

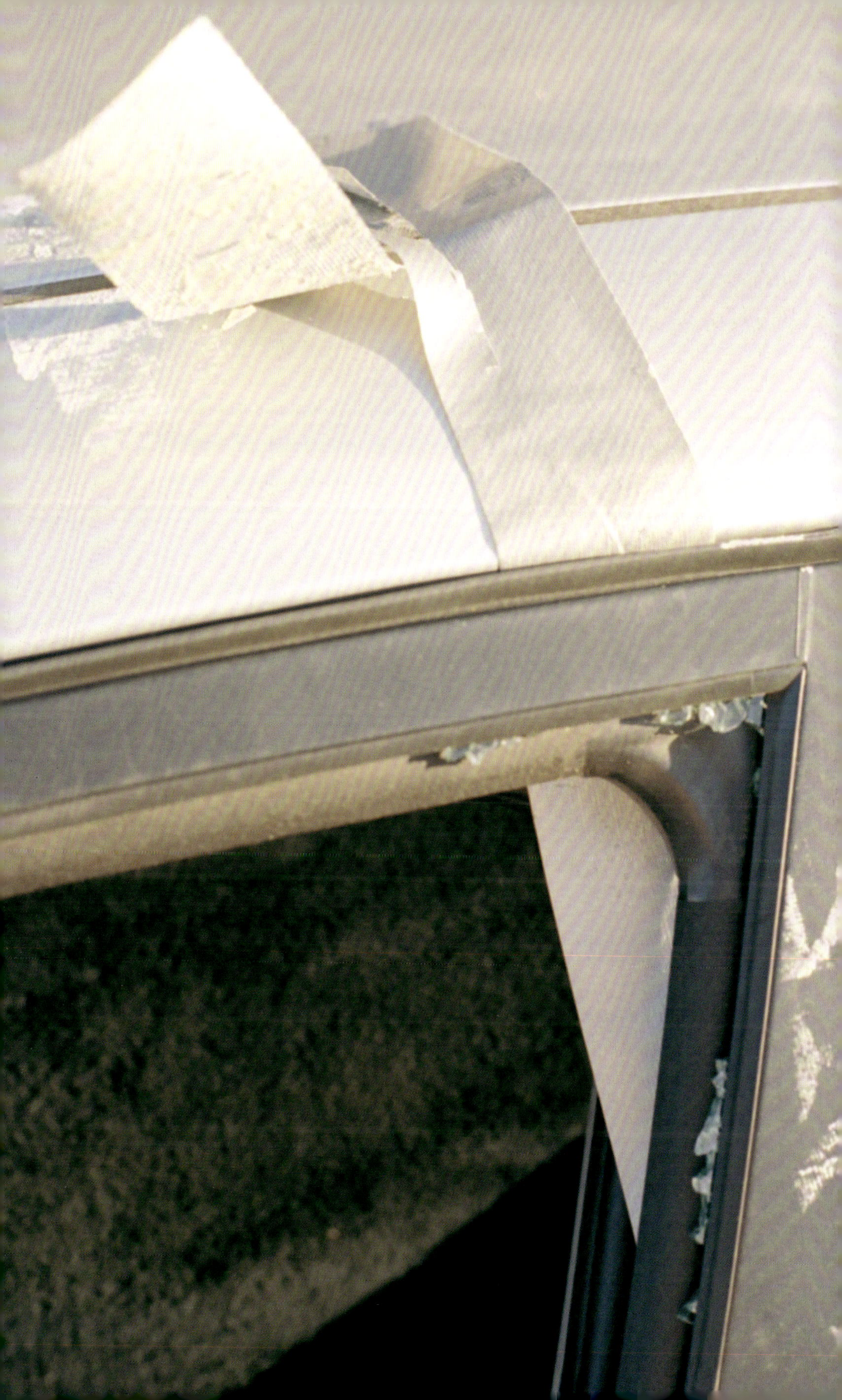

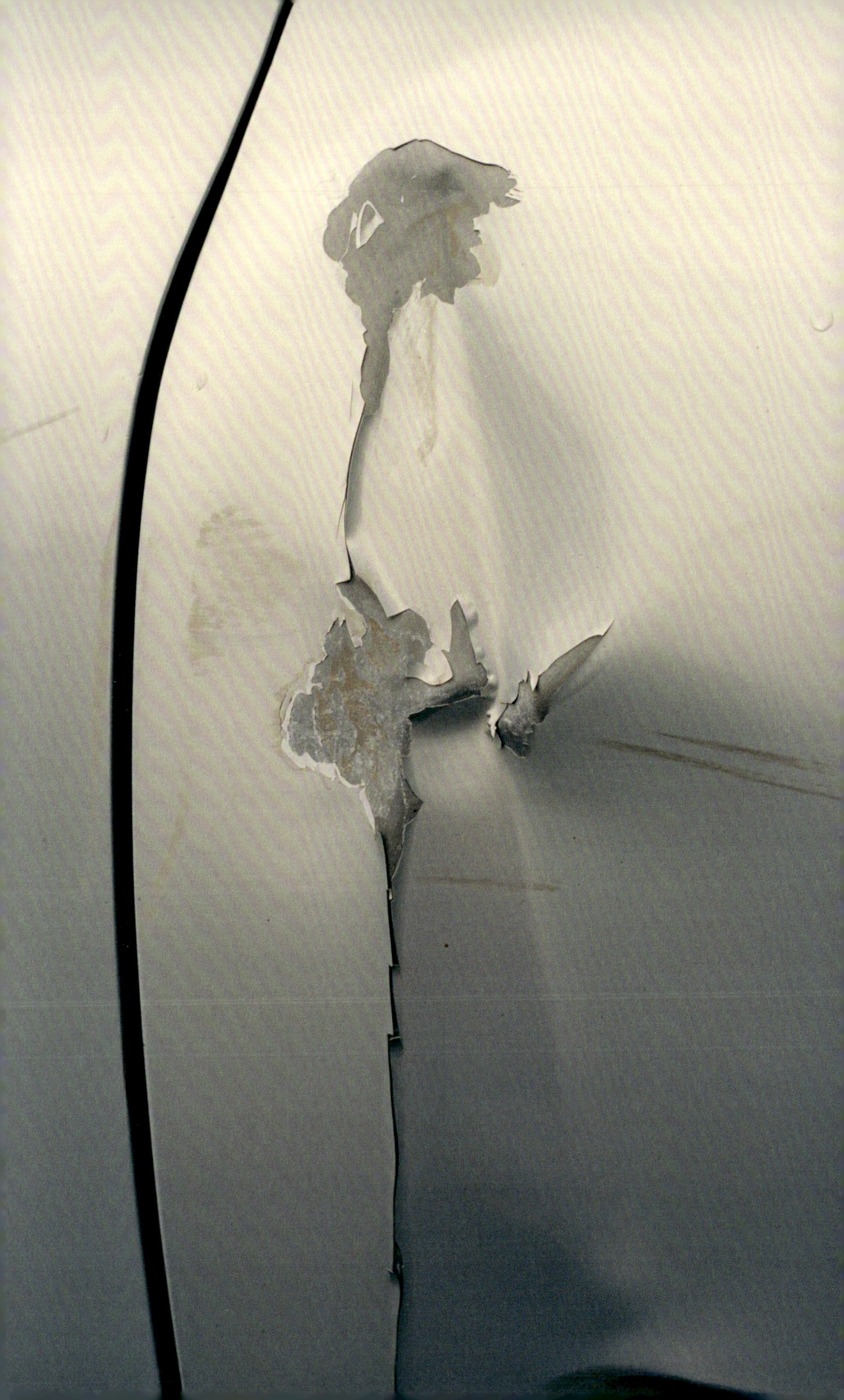

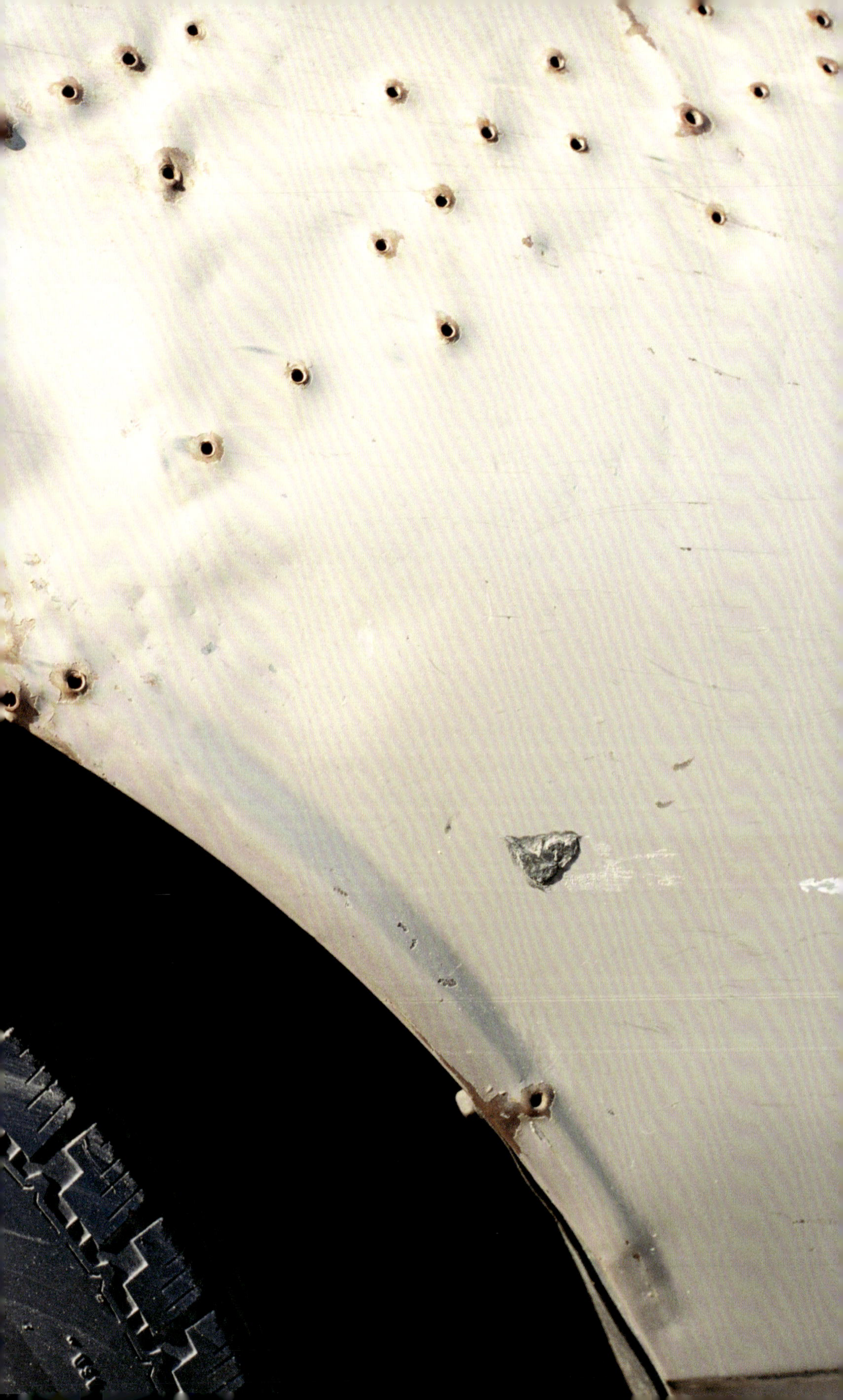

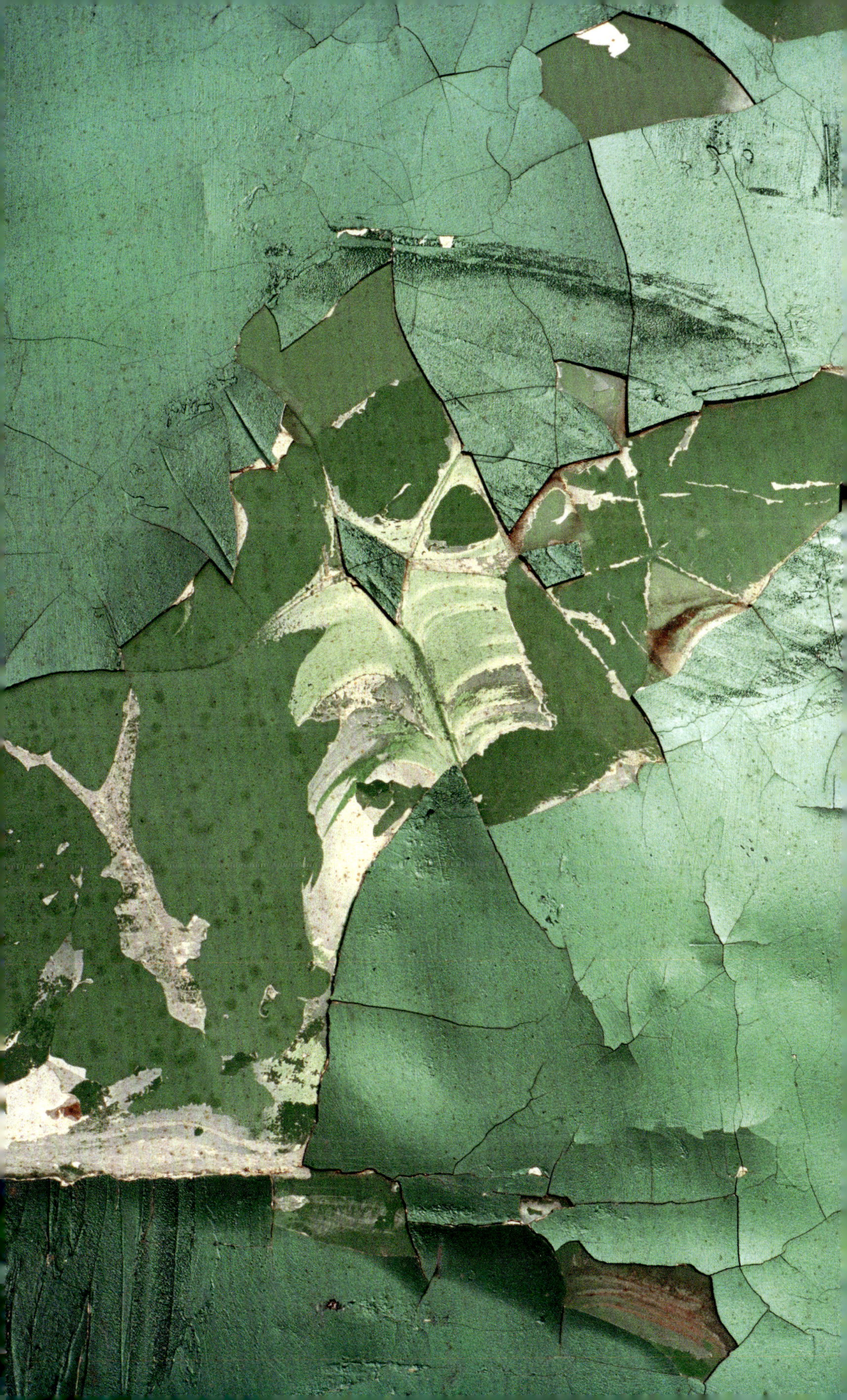

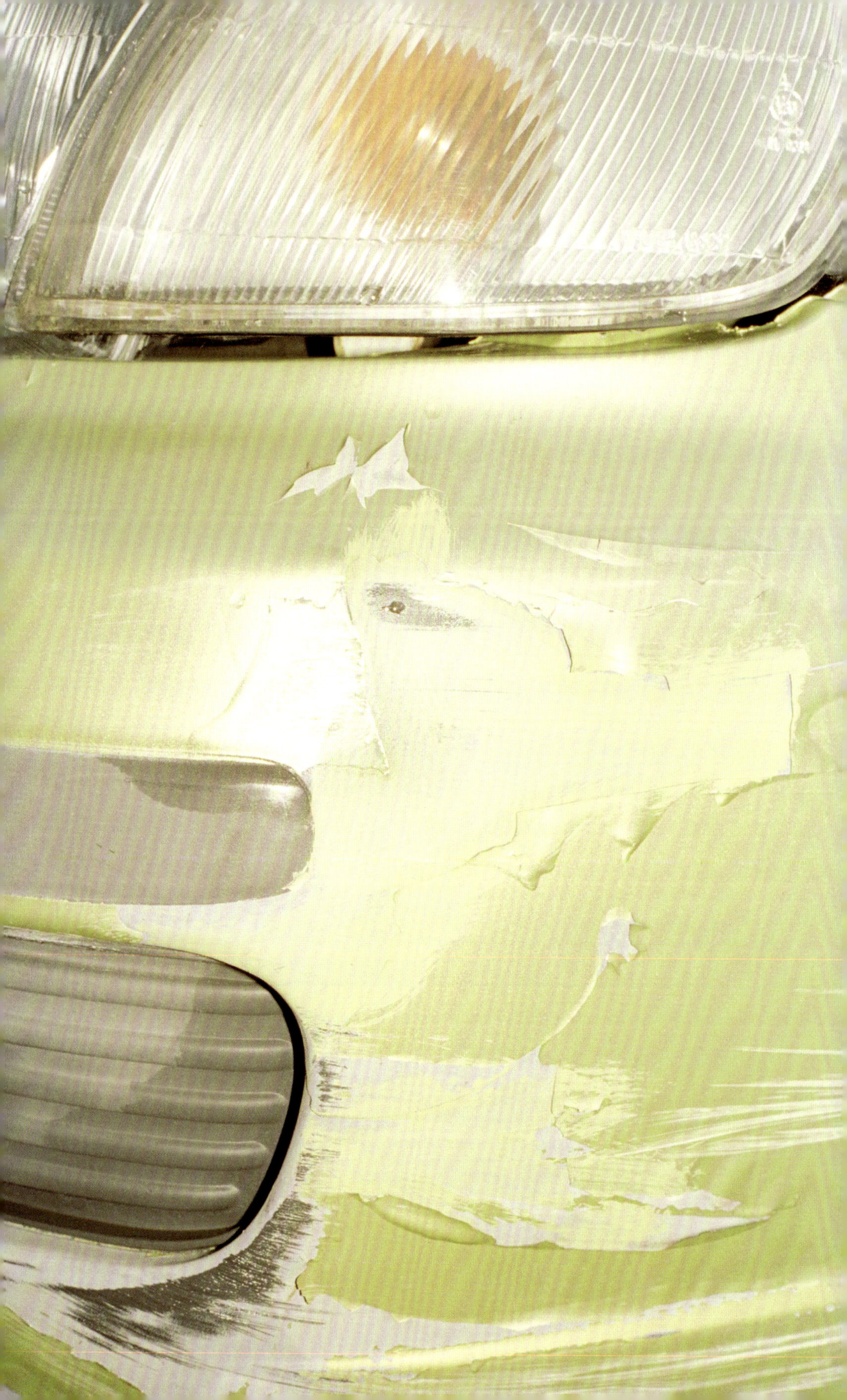

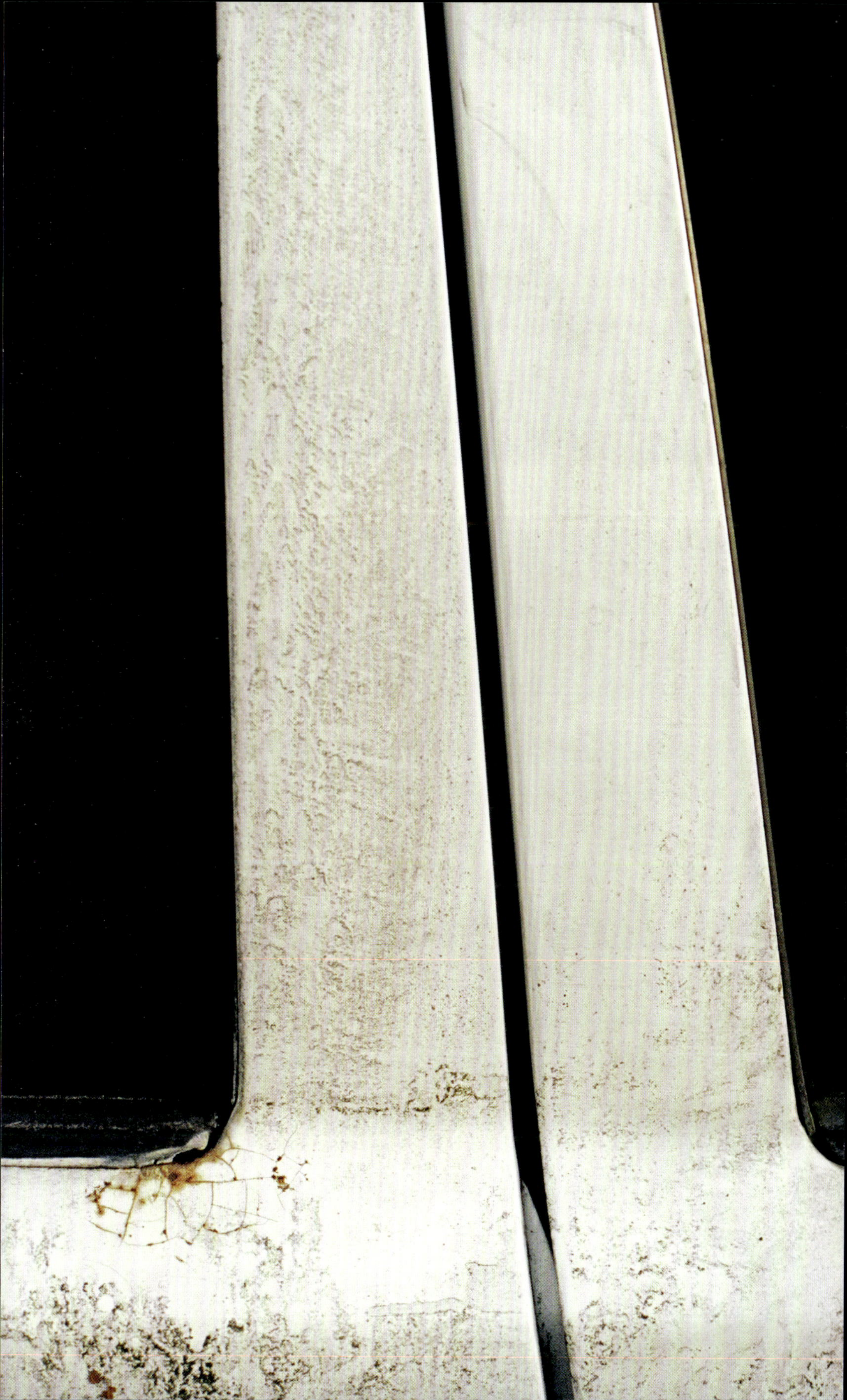

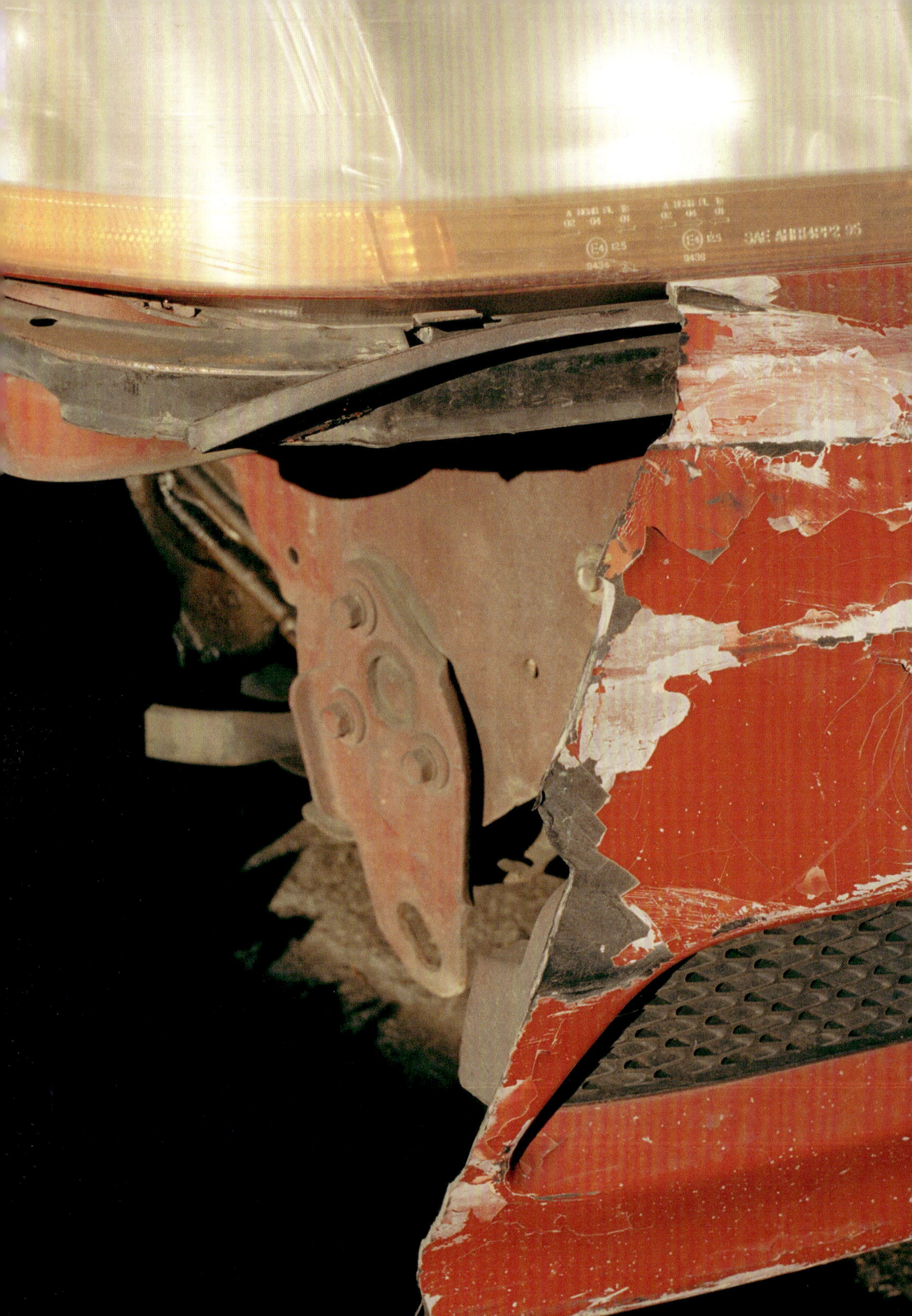

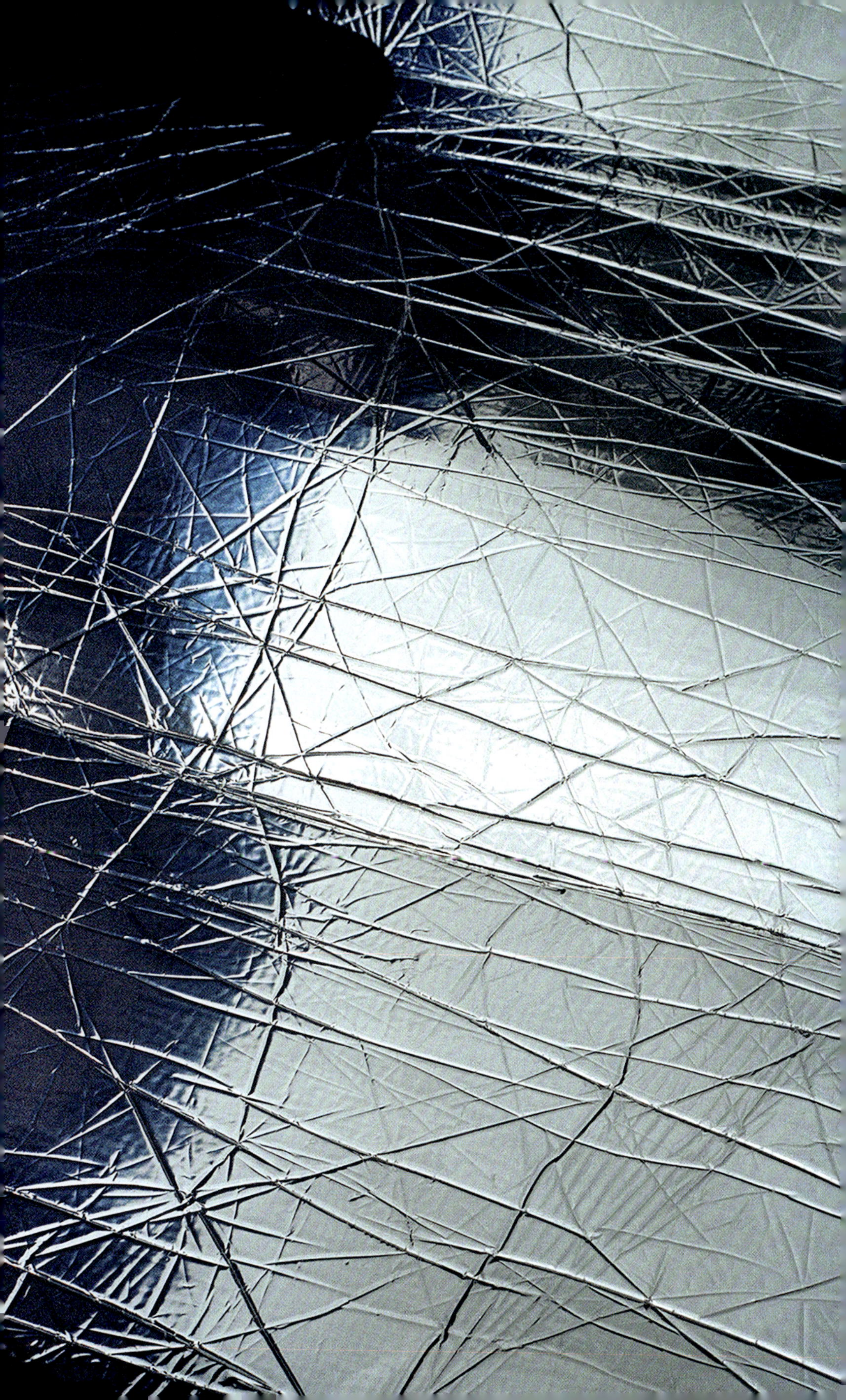

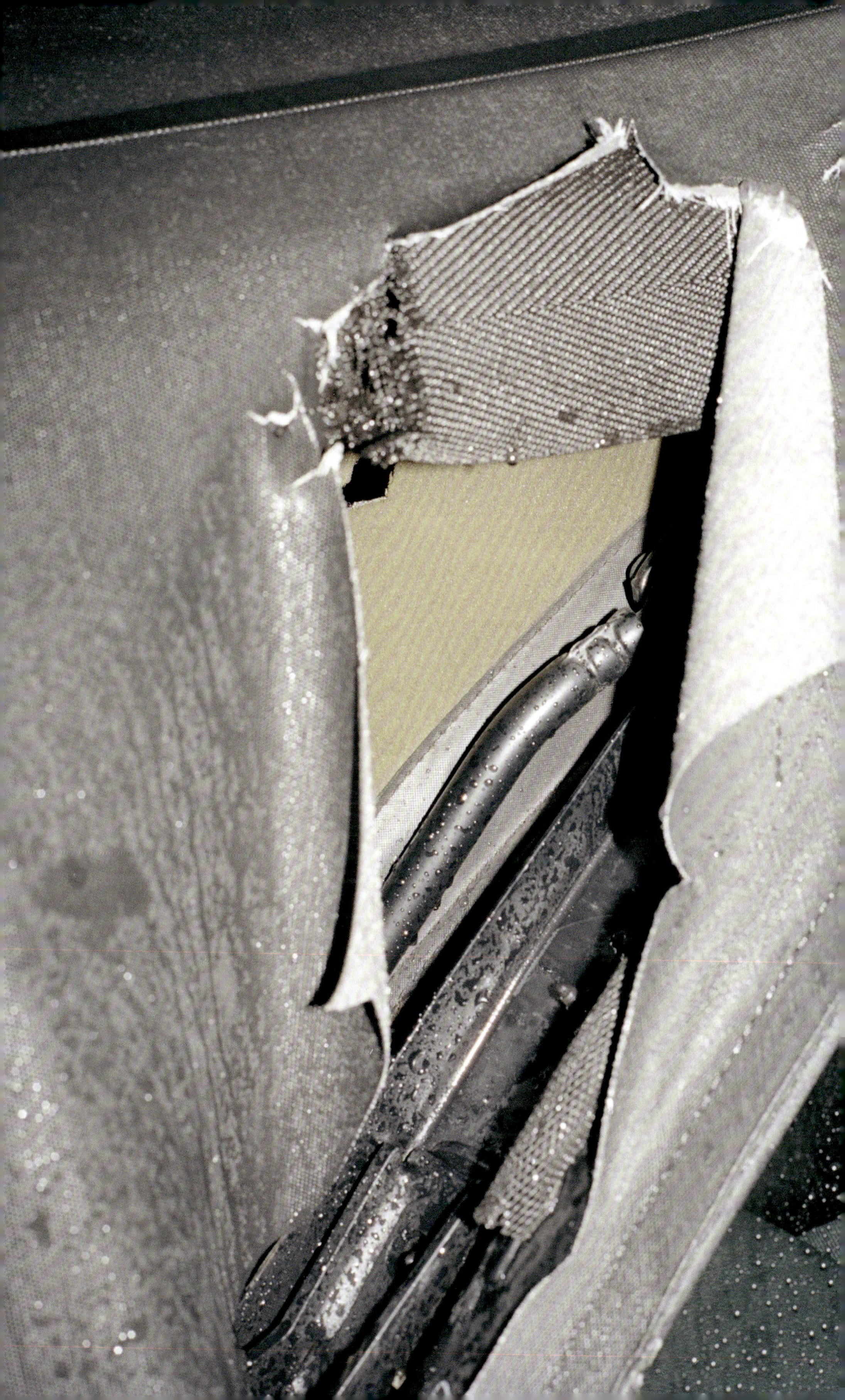

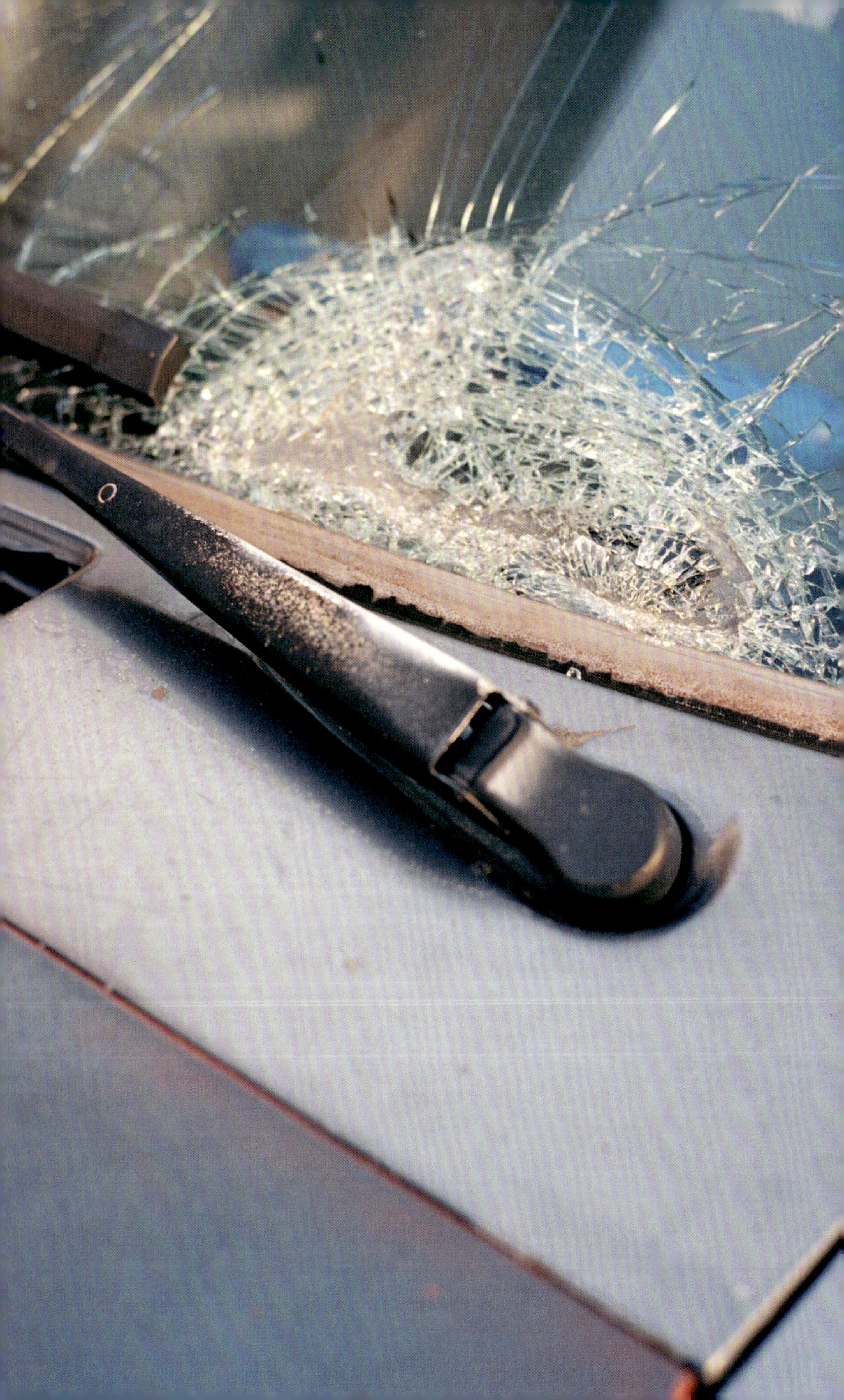

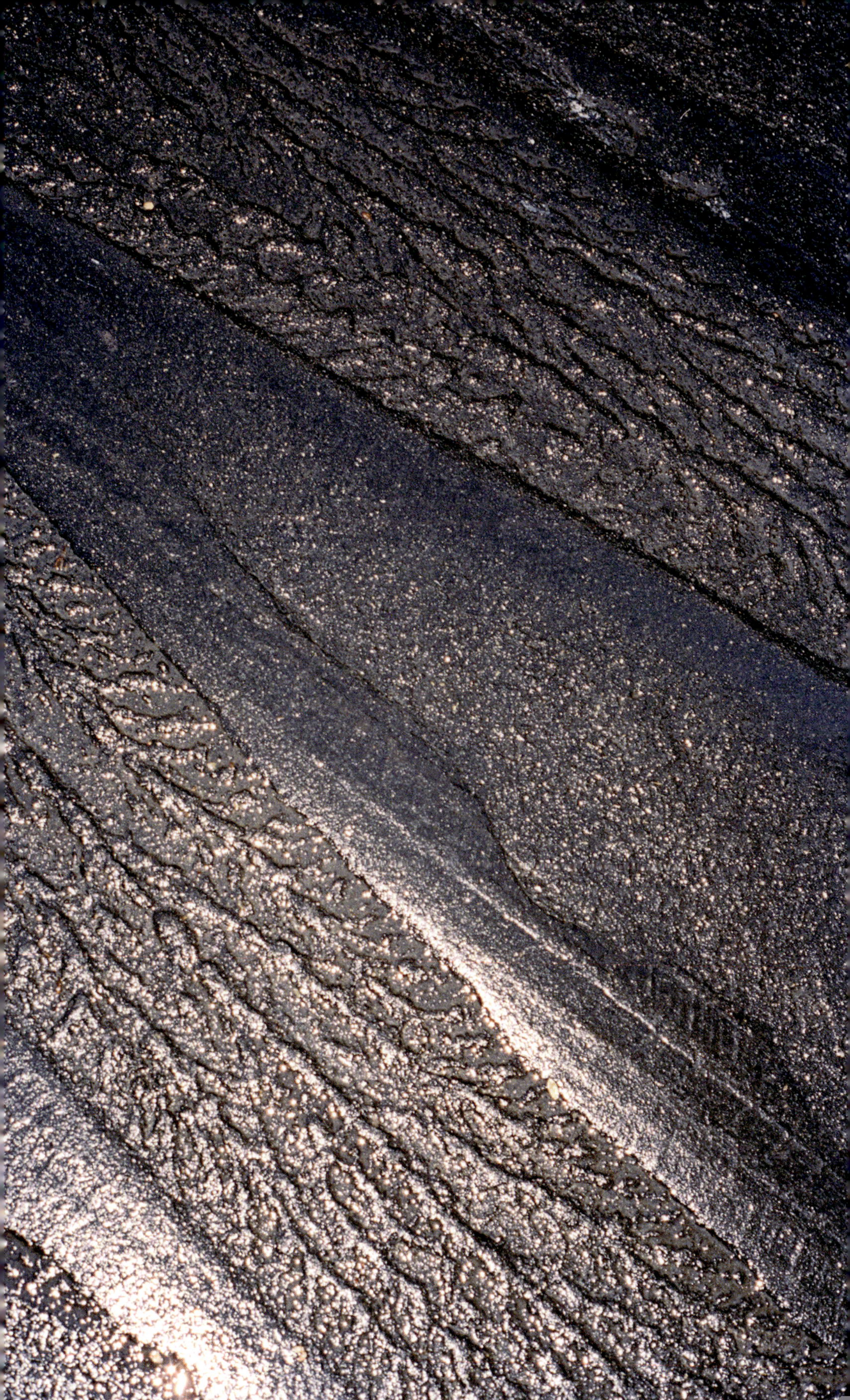

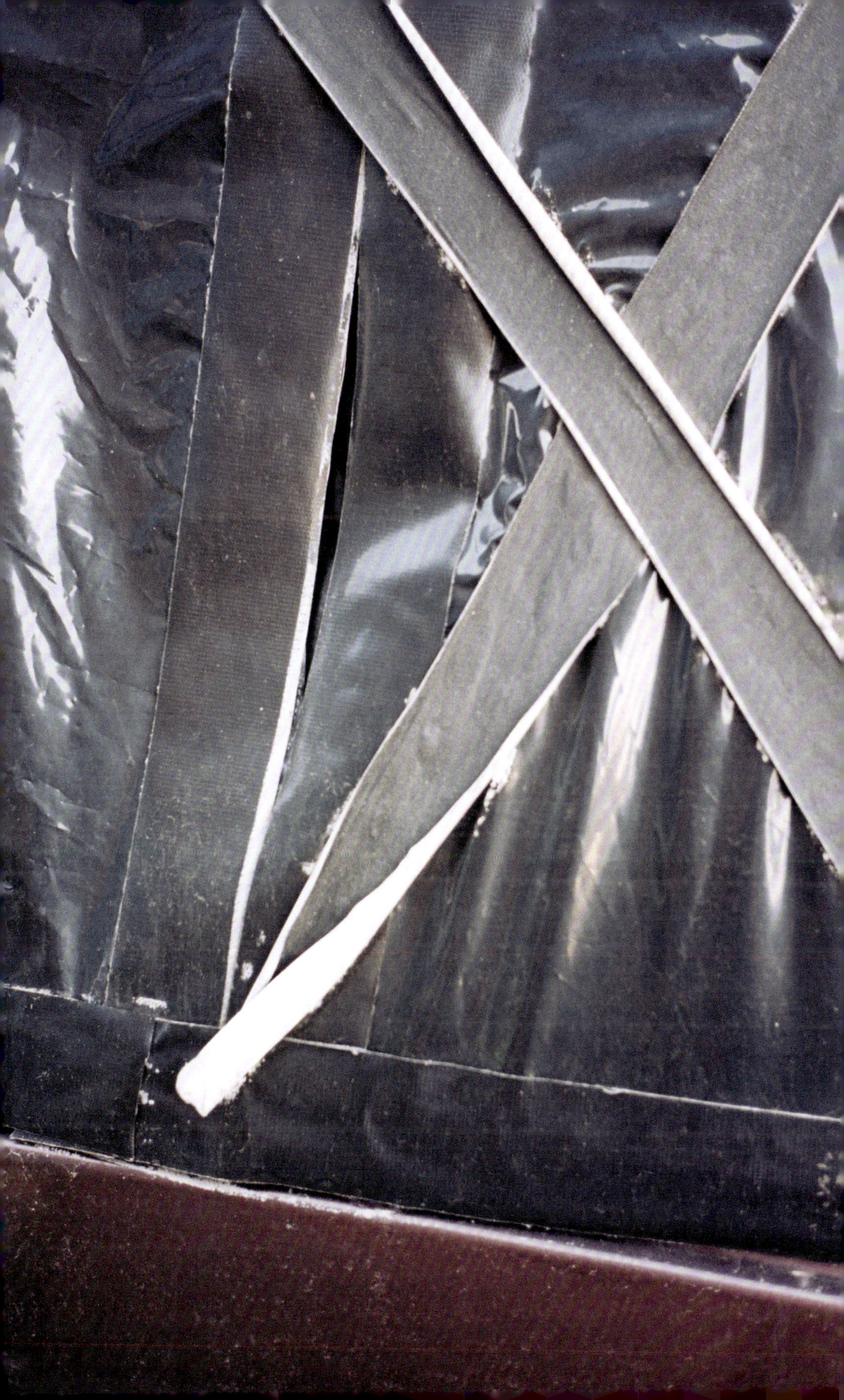

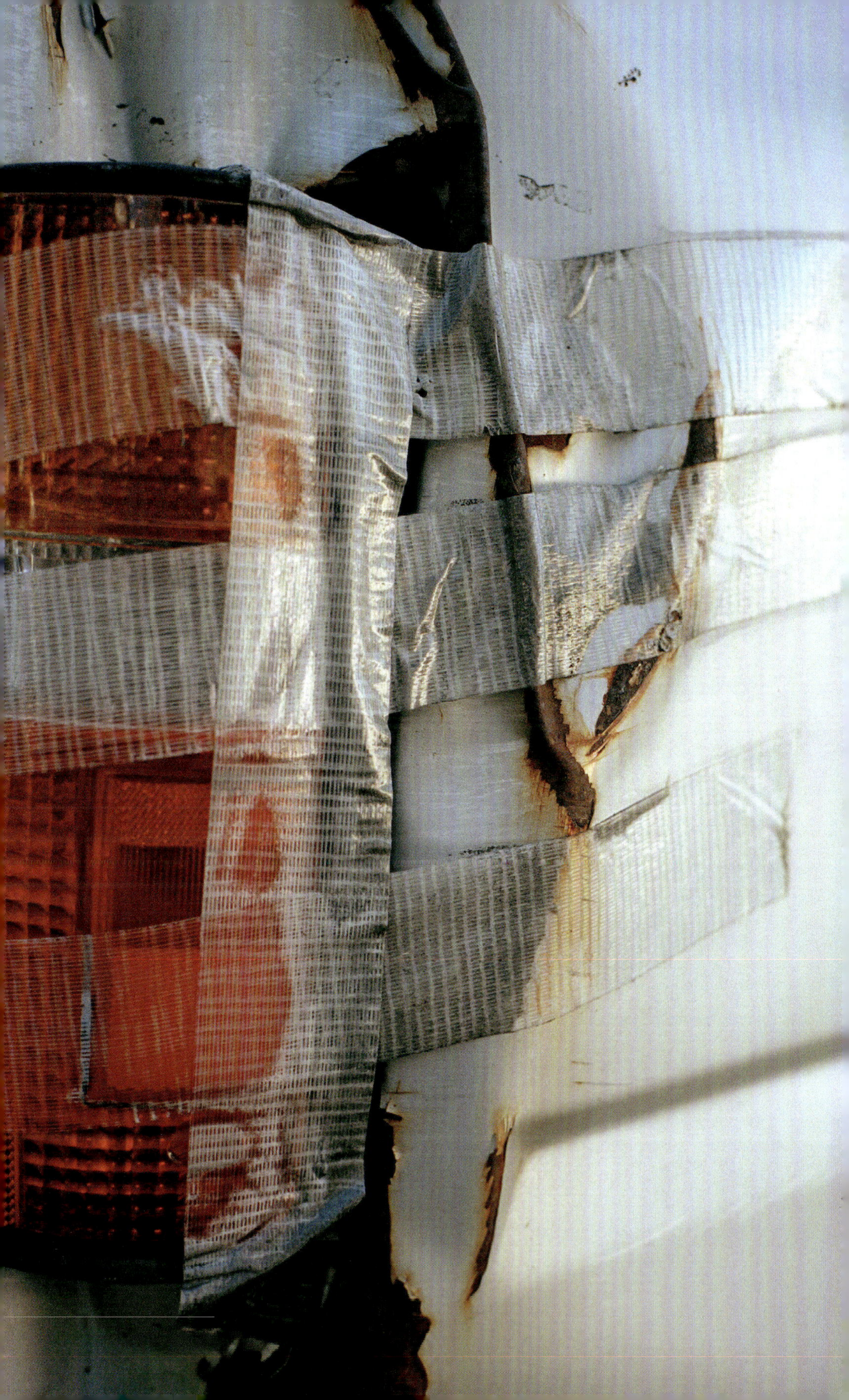

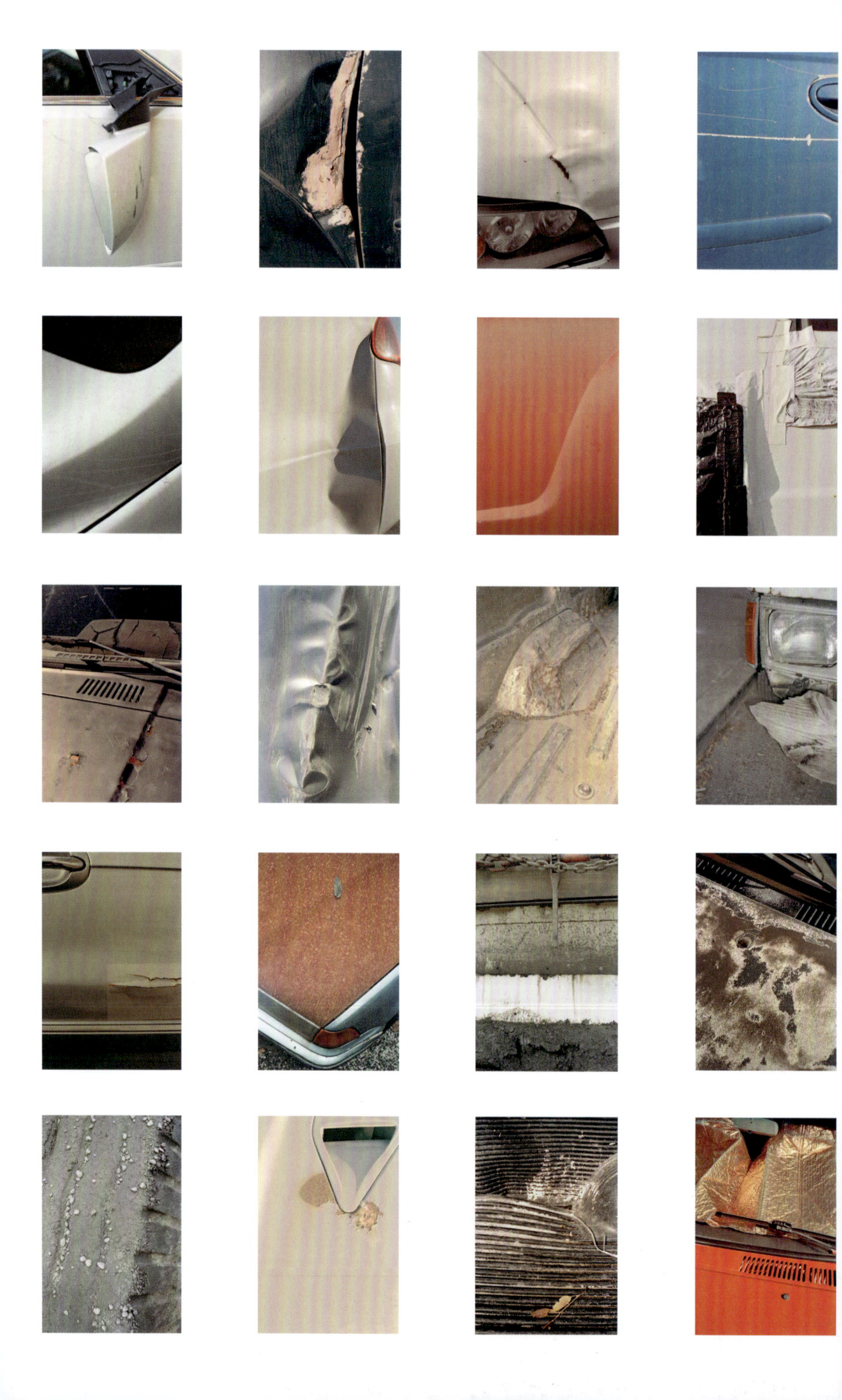

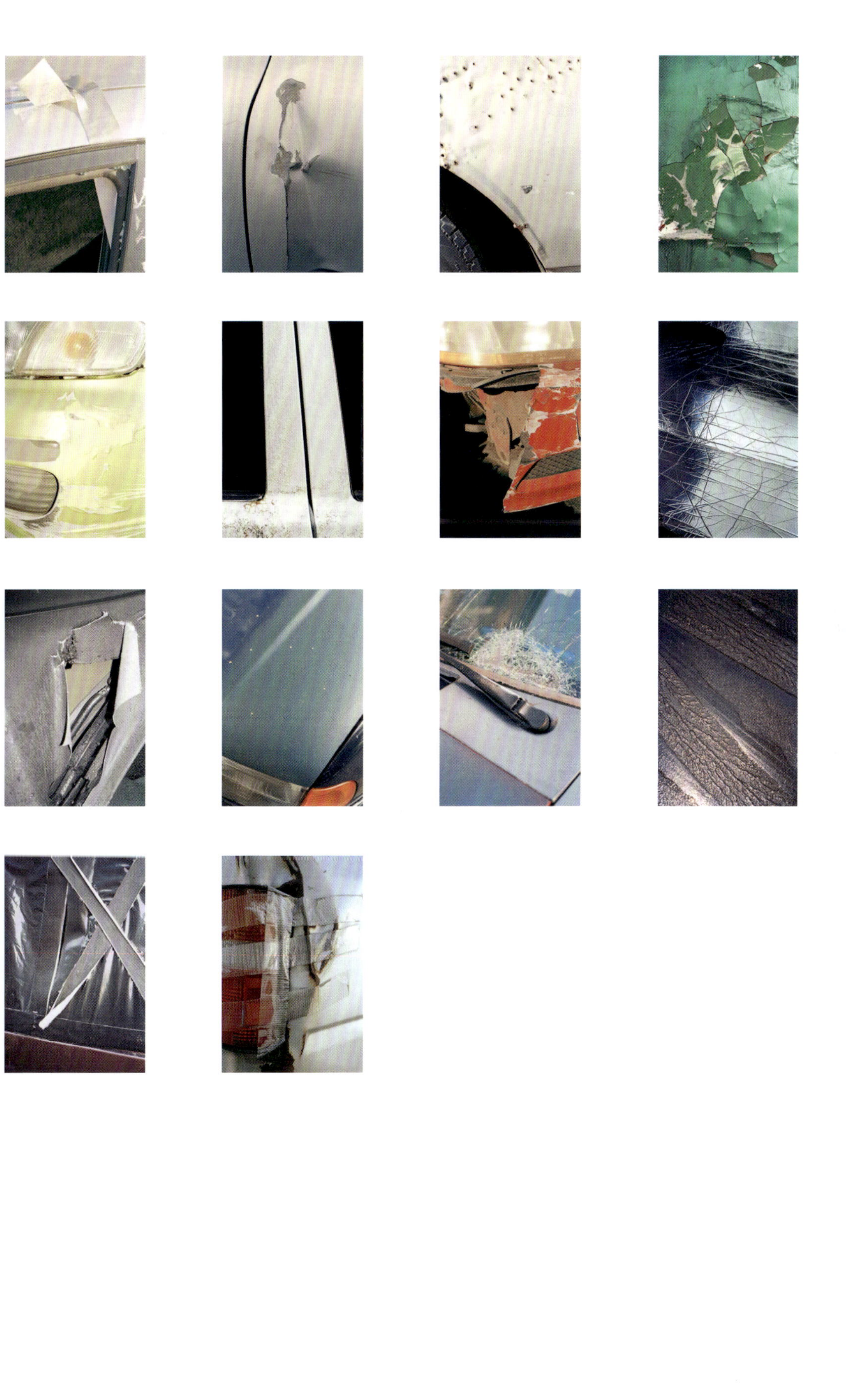

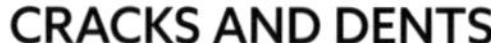
CRACKS AND DENTS

Wir neigen dazu, kleine Macken aktiv zu ignorieren, als wären sie nicht vorhanden; versuchen, Kratzer wegzupolieren und Unebenheiten zu glätten. Dabei empfinden wir Gebrauchsspuren als Mängel, die den ursprünglichen Wert des Objektes mindern. Obwohl Hochglanz und Makellosigkeit als die Paradigmen unserer Zeit gelten, finden wir sie doch überall: die Schrammen, Narben und Beulen, die das Leben mit sich bringt.

Lycien-David Cséry hat sich für seine Werkserie *Cracks and Dents* (2016–2018) mit eben diesen Imperfektionen beschäftigt. Im Fokus der Aufnahmen stehen die Gebrauchsspuren diverser Karosserien. Cséry dokumentiert eine bemerkenswerte Anzahl an Texturen, Formen und Farben von Autoteilen, deren Oberflächen sich durch Rost, Oxidation, Schmutz oder Lackabplatzungen auszeichnen. Beeinflusst wurde die Reihe durch das hohe Verkehrsaufkommen in Los Angeles, das Cséry im Rahmen mehrerer Nordamerika-Aufenthalte miterlebt hat. Auf diese Episode geht auch der Werktitel zurück: Die Bezeichnung „Crack and Dent Sale" meint in den USA den Verkauf von Ware, die kleinere Schäden aufweist und mit einem Preisnachlass angeboten wird.

Autos sind Teil unseres Alltags, ob als notwendige Fortbewegungsmittel, Sammlerstücke oder Statussymbole. In vielen Kontexten sind sie außerdem soziale Treffpunkte, Wohnorte oder Lebensräume. Wenn man bedenkt, dass ihre wenigen Quadratmeter auch als Schutzraum fungieren können, wirken Cségys Aufnahmen umso intimer. Die Detailaufnahmen zeigen stets nur einen Ausschnitt der Karosserie und verlagern den Fokus auf ihre Besonderheiten. Durch diese Nähe wirken die Close-ups fast körperlich, wie persönliche Aufnahmen vergangener Verletzungen.

Cracks and Dents zeigt aber nicht nur die vermeintlichen Schwachstellen, sondern auch die Bemühung, Schäden durch provisorische Reparaturversuche notdürftig zu kitten. Mit großer Sorgfalt und aufmerksamem Blick dokumentiert Cséry unseren Umgang mit Beeinträchtigungen und alltäglichen Besitztümern. Die Fotografien schulen nicht nur unsere Wachsamkeit für die kleinen Unregelmäßigkeiten unserer Umgebung, sondern lassen die diversen Abnutzungen auch in neuem Licht erscheinen. Die Werkserie verdeutlicht die Schönheit und Besonderheit des Mangels, den man, wenn man nur genau hinsieht, an jeder Ecke finden kann.

CRACKS AND DENTS

We strive to actively erase demerits and detritus: we polish away scratches, iron away wrinkles, and interpret signs of wear as a decrease in value of an object. But inspite of the sleek perfectionism that rules our contemporary ideology we find signs of the opposite everywhere: the scars, blemishes and bruises that life inevitably brings with it.

In his series *Cracks and Dents* (2016–18), Lycien-David Cséry has honed in on such imperfections. Influenced by his experience of legendary Los Angeles traffic, Cséry documented wear and tear on cars, capturing how oxidation, dirt and chance affect textures, form and color. The title of the series is a nod to American "Crack and Dent Sales" where lightly damaged goods are sold at a discount.

Motorized vehicles are a part of our everyday life, whether as a mode of transport, equipment or status symbol. They even serve as inspiration for social gatherings or even—as is often the case in California—living quarters. These contexts and Cséry's intimate framing imbue the works with a sense of incredible familiarity. Each work's perspective nudges the viewer to indulge in its singularity. Through this closeness, the images take on a visceral quality, reminding of personal injuries past.

However, *Cracks and Dents* does not only illustrate material weakness or avoidable damages, but also the touch of the human hand to machine: attempts to make urgent and often makeshift repairs to necessary components. With great care and laser focus, Cséry directs his audience to reflect on their relationships with derogation and everyday ownership.

The works not only encourage our alertness for small irregularities in our environment, but also show the effects of weathering in a new light. Cséry's photographs demonstrate the unique allure of imperfections that—upon closer inspection—can be found everywhere.

IMPRESSUM/COLOPHON

Konzeption/Concept
Lycien-David Cséry

Gestaltung/Design
Simon Frank
Lycien-David Cséry

Papier/Paper
300 g/m^2 Ensocoat, 170 g/m^2 Magno Volume

Text
Julia Meyer-Brehm

Übersetzung/Translation
Inga Schunn

Lithografie/Color Management
serum.network

Dank/Acknowledgments
Stilla Meyer-Cséry, Simon Frank,
Allie Haeusslein, Andrea Zittel, Jay Nelson,
Roy Anthony Shabla, Simone Manwarring,
Inga Schunn, Larry Lazarus, John S. Smith,
Monika Nitsche, Kai Detig, Robert Morat,
thomas buck gmbh. dekorationen hamburg

Produktion/Production Management
Rebecca Wilton, DISTANZ Verlag

Gesamtherstellung/Printing and Binding
Gallery Print, Berlin

ISBN 978-3-95476-706-9
Gedruckt in Deutschland/Printed in Germany

Erschienen im/Published by
DISTANZ Verlag
www.distanz.de